Catherine II de Russie

Le sexe du pouvoir

Couverture
Réalisation : Mallory Kwiat
Image de la première de couverture :
Vigilius Eriksen (1722-1782), *Catherine II impératrice de Russie*,
1766-1767, huile sur toile, 284 × 173,5 cm,
Copenhague, Statens Museum for Kunst.

www.calype.fr
ISBN : 978-2-494178-03-8
ISSN : en cours

Thierry Sarmant

Catherine II de Russie

Le sexe du pouvoir

avec la collaboration de Jean-Pierre Sarmant

DESTINS

INTRODUCTION

Le pouvoir a-t-il un sexe ?

Le pouvoir a-t-il un sexe ? Jusqu'au XXe siècle, cette question a appelé une réponse positive. Oui, le pouvoir a un sexe, et c'est le sexe mâle. Pour parler le langage de l'ancienne France, le pouvoir est, comme la noblesse, « liqueur séminale ». Il se transmet le plus souvent de mâle en mâle et s'exerce presque exclusivement par les mâles.

Ce phénomène est quasi universel. Dans l'Égypte antique, une seule femme, Hatchepsout, règne comme pharaon, et encore est-ce conjointement avec son beau-fils Thoutmosis III. En deux mille années d'empire, la Chine n'a connu qu'une seule impératrice régnante, Wu Zetian, de 690 à 705 de l'ère chrétienne. Le Japon a eu une dizaine d'impératrices en deux millénaires. Dans les nombreux empires et royaumes qui se sont succédé à travers le monde musulman depuis l'Hégire, aucune femme n'a jamais été placée à la tête de l'État, à l'exception de Razia al-din, sultane de Delhi de 1236 à 1240.

La tradition occidentale n'est guère plus favorable. Les reines illustres de la littérature sacrée et profane – la reine de Saba, Sémiramis, Didon, Cléopâtre – sont le plus souvent des épouses royales ou des régentes. L'Empire romain n'a de rares femmes à sa tête qu'après la séparation entre Orient et Occident : Irène est *basileus* de 792 à 802, Zoé en 1042, Théodora Porphyrogénète en 1055-1056.

Le règne féminin est le plus souvent un pis-aller. Une femme peut gouverner un État comme régente au nom de son fils mineur ou de son mari absent. Elle peut à la rigueur apparaître comme co-souveraine. Elle ne devient seule souveraine en titre que dans des cas exceptionnels : extinction d'une lignée mâle, troubles intérieurs, personnalité particulièrement forte de l'intéressée. Encore dans ce cas sa titulature est-elle le plus souvent masculine, comme si la nature intrinsèquement mâle du pouvoir l'emportait sur le sexe de celle qui l'exerce.

En dépit de cet état de fait, l'historien constate que les règnes féminins deviennent plus fréquents en Europe à partir du xve siècle. C'est vrai aussi bien en Angleterre, en Écosse et en Suède qu'en Espagne, en Navarre ou en Pologne. Les causes de cette évolution demeurent incertaines. Avec prudence, on peut invoquer une amélioration progressive du statut de la femme dans l'Europe moderne. Plus certainement, ce changement tient à la structuration de l'État et à l'évolution des conceptions dynastiques. La transmission de la souveraineté à une femme proche parente du souverain défunt apparaît comme une meilleure garantie de la continuité politique que sa dévolution à un lointain parent mâle. La famille nucléaire a plus de légitimité que le lignage élargi. L'État, qui tend à s'ériger en entité abstraite, n'est plus confondu dans la figure masculine d'un monarque.

La Russie présente dans ce tableau un cas très particulier. Aucune femme n'a régné sur une principauté russe jusqu'au XVIIe siècle. La première à exercer explicitement le pouvoir à Moscou est la tsarevna Sophie, demi-sœur de Pierre le Grand, qui gouverne le pays comme régente entre 1682 et 1689. Dans un pays où le statut du deuxième sexe se rapprochait jusqu'alors de celui que connaissait le monde musulman, ce sont pourtant quatre impératrices qui se succèdent de manière presque ininterrompue entre 1725 et 1796. Des circonstances rarissimes et des personnalités exceptionnelles ont produit une « gynécocratie » sans précédent dans l'histoire humaine, et sans postérité jusqu'à présent. De ces quatre impératrices, la plus notable est Catherine II, qui régna de 1762 à 1796, soit trente-quatre années. Après celui d'Élizabeth Ire d'Angleterre (1558-1603), c'est le règne féminin effectif le plus long de l'histoire. Marie-Thérèse d'Autriche, contemporaine de Catherine, régna quarante ans

(1740-1780), mais conjointement avec son mari et son fils.

Ainsi la vie et le règne de Catherine II forment-ils un bel observatoire à partir duquel examiner les questions liées au sexe du pouvoir. Dans quelles conditions une femme peut-elle accéder au pouvoir souverain ? Par quels moyens peut-elle s'y maintenir ? Y a-t-il un mode féminin de l'exercice du pouvoir et de la représentation du pouvoir ?

Pour répondre à ces questions, nous ne sommes pas prisonniers des témoignages des contemporains de Catherine ou du seul examen de ses archives de gouvernement, comme c'est le cas pour tant des monarques antérieurs ou contemporains de son règne. L'impératrice a laissé de curieux *Mémoires* de jeunesse, rédigés en français, mi-confession, mi-justification, qui disent beaucoup si on se garde de les prendre au pied de la lettre. Nous disposons aussi de son abondante correspondance privée trilingue, française, allemande et russe, avec ses amis, avec ses amants, avec les philosophes européens. Lectrice attentive de Mme de Sévigné et des auteurs français des Lumières, non dépourvue elle-même de prétentions littéraires, Catherine y prend une pose avantageuse pour la postérité, mais l'abondance du matériau ne laisse pas de trahir quelquefois la psychologie de l'auteur – ou plutôt de l'autrice – et ses intentions véritables.

1

L'ALLIANCE D'UNE PRINCESSE

Comment une princesse allemande issue d'une Maison secondaire est-elle devenue impératrice de Russie ? Il n'y a là ni mystère ni conte de fées : l'ascension de Catherine est la conséquence de liens dynastiques et d'une politique fort traditionnelle d'alliances matrimoniales.

PRINCIPAUTÉS D'ALLEMAGNE DU NORD

Sophie-Auguste-Frédérique d'Anhalt-Zerbst, la future Catherine II, naît à Stettin, en Poméranie, le 2 mai 1729. Son père est Christian-Auguste, prince d'Anhalt-Zerbst, sa mère Jeanne-Élisabeth de Holstein-Gottorp. Des deux côtés, la petite princesse appartient à d'antiques Maisons souveraines ou quasi souveraines de l'Allemagne du Nord.

Cette portion du Saint-Empire romain germanique diffère profondément de l'Allemagne occidentale ou méridionale. Tandis que l'empereur germanique, qui réside à Vienne, est catholique et se considère comme le défenseur de l'Église romaine, les princes d'Allemagne du Nord sont le plus souvent protestants : l'électeur de Brandebourg et roi en Prusse, lui-même calviniste, règne sur des États en majorité luthériens ; l'électeur de Hanovre, luthérien, est roi anglican en Grande-Bretagne ; la Suède et le Danemark, deux royaumes luthériens, ont des possessions dans le nord de l'Allemagne.

Tandis que Suède et Pologne sont sur le déclin, le jeune royaume de Prusse est alors, avec la Russie, la puissance montante de cette région de l'Europe. Une série de princes ambitieux a fait du petit électorat de Brandebourg un État puissant. Frédéric-Guillaume (1640-1688), le « grand électeur », a unifié ses possessions et développé leur économie. Frédéric Ier (1688-1713) a obtenu en 1701 de l'empereur germanique le titre de « roi en Prusse », bientôt transformé par l'usage en « roi de Prusse ». Frédéric-Guillaume Ier (1713-1740), le « roi-sergent », a doté le jeune royaume d'une armée surdimensionnée, instrument de puissance qu'il s'est bien gardé d'utiliser.

Par comparaison, la principauté d'Anhalt-Zerbst est assez peu de chose : coincée entre le Brandebourg, au nord et à l'ouest, et la Saxe, au sud et à l'est, elle mesure 40 kilomètres d'est en ouest et 25 du nord au sud dans ses plus grandes dimensions. Jusqu'en 1742, Christian-Auguste n'est que co-régent d'un démembrement de cette principauté d'Anhalt-Zerbst, Anhalt-Dornbourg. Très tôt, ce prince a pris du service auprès de son puissant voisin le roi Frédéric-Guillaume. Entré comme capitaine dans l'armée prussienne en 1708, il y atteint successivement les grades de général-major (1721), général-lieutenant (1732), général d'infanterie (1741) et enfin feld-maréchal (1742). Chevalier de l'Aigle noir, le principal ordre prussien, en 1725, il est nommé quatre ans plus tard commandant de la citadelle de Stettin, ville que le roi Frédéric-Guillaume a acquise sur la Suède en 1720 et dont il a fait la capitale de la Poméranie prussienne. C'est la raison pour laquelle Sophie naît à Stettin, dans une maison bourgeoise d'aspect sévère louée à son père par le président de la chambre de commerce. Un peu plus tard, le prince et sa famille emménagent dans une résidence plus prestigieuse, l'ancien château des ducs de Poméranie.

Les dynasties qui gouvernent les différents États et principautés allemandes sont liées par de multiples alliances. Le père de Christian-Auguste, Jean-Louis, était le fils d'une princesse de Holstein-Gottorp, une branche cadette de la Maison royale de Danemark, titulaire du duché de Holstein, principauté du Saint-Empire frontalière du Danemark. La mère de Sophie, Jeanne-Élisabeth (1712-1760), est elle aussi une Holstein-Gottorp (1712-1760), et la sœur du prince-évêque luthérien de Lübeck, lui-même marié à une sœur du roi de Prusse.

Premier enfant du couple, Sophie d'Anhalt-Zerbst occupe moins l'attention de ses parents que le fils et possible héritier qui naît l'année suivante. Elle est confiée successivement à deux sœurs, des Françaises huguenotes originaires de Rouen. Son maître d'écriture et de dessin est également un Français, réfugié à Stettin. Grâce à cet entourage, Sophie devient une parfaite francophone, à l'oral comme à l'écrit. Le prince charge un pasteur luthérien d'obédience piétiste, Friedrich Wagner, de l'éducation religieuse de sa fille. Dès son plus jeune âge, cette dernière apprend à concilier deux cultures à bien des égards antagonistes et à présenter un visage différent selon les interlocuteurs.

Mais la formation de la jeune princesse n'est pas seulement académique. Dès l'âge de 9 ans, Sophie d'Anhalt-Zerbst suit sa mère dans les séjours qu'elle fait auprès de sa parentèle princière d'Allemagne du Nord. C'est ainsi qu'en 1739 elle rencontre au château d'Eutin un cousin issu de germain dont elle ignore qu'il sera bientôt son mari, Charles-Pierre-Ulrich de Holstein-Gottorp.

DES FEMMES SUR LE TRÔNE

Du côté russe, le sort ultérieur de Sophie d'Anhalt-Zerbst a été préparé par une série d'alliances matrimoniales conclues à l'initiative de Pierre le Grand à partir du début du XVIIIe siècle. Dans la pensée du tsar-réformateur, ces alliances avaient pour objectif d'intégrer sa dynastie dans la « famille des princes » de l'Europe occidentale, tout en lui donnant des moyens d'influence en Allemagne. En 1710, il unit sa nièce, Anne Ivanovna, au duc de Courlande. L'année suivante, son fils, le tsarévitch Alexis, épouse Charlotte de Brunswick-Lunebourg. En 1716, une autre nièce du souverain, Catherine Ivanovna, s'allie au duc de Mecklembourg. Enfin, en 1725, sa fille aînée, Anne Pétrovna, épouse le duc de Holstein-Gottorp.

Une suite d'accidents politiques va donner à ces mariages une importance majeure dans le gouvernement intérieur de la Russie. En 1718, Pierre Ier déshérite et fait sans doute exécuter son fils, le tsarévitch Alexis. Le 5 février 1722, il promulgue un oukaze par lequel il s'octroie le droit de désigner son successeur. Désormais, il n'y a plus de certitude quant à la légitimité dynastique. Quand Pierre meurt, en 1725, sa seconde épouse, Catherine Ire, qu'il a fait couronner impératrice l'année précédente, monte sur le trône faute d'héritier désigné par le défunt. C'est le triomphe du fait sur le droit : Catherine, ex-servante livonienne, n'a pas une goutte de sang russe et ne règne que grâce au soutien de la Garde, armée dans l'armée créée par Pierre le Grand. À sa mort, deux ans plus tard, le trône revient au fils du tsarévitch Alexis, Pierre II.

La succession semble reprendre un cours normal, mais Pierre II meurt dès 1730, à l'âge de 14 ans, sans avoir eu le temps de convoler, d'engendrer de fils ou de laisser un testament. La lignée masculine des Romanov est éteinte.

La couronne de Russie ne peut donc plus se transmettre qu'en ligne féminine : soit par les tsarevnas filles d'Ivan V, le demi-frère aîné de Pierre le Grand, soit par les filles de ce dernier, Anne et Élisabeth. Les dignitaires du régime choisissent Anne Ivanovna, fille cadette d'Ivan V, alors veuve et sans enfants. En 1732, cette dernière désigne comme héritier le fils à naître de sa nièce Anne Léopoldovna, fille de sa sœur aînée Catherine et du duc de Mecklembourg. En 1739, Anne Léopoldovna épouse le duc de Brunswick-Lunebourg. L'année suivante, au mois d'août, elle donne naissance à un fils. L'impératrice étant décédée en octobre 1740, le nourrisson – qui n'a qu'un quart de sang russe –, lui succède sous le nom d'Ivan VI. L'enfant-empereur est d'abord placé sous la régence d'Ernest-Jean Biron, duc de Courlande, ancien favori de l'impératrice défunte. Au bout de quinze jours, un coup d'État de la Garde renverse Biron et donne la régence à Anne Léopoldovna.

Les alliances conclues par Pierre le Grand ont abouti à une forme de germanisation de la dynastie et du gouvernement. L'aristocratie russe ressent comme une humiliation le « règne des Allemands ». Ce mouvement d'opinion favorise un deuxième coup d'État de la Garde, survenu le 25 novembre 1741, cette fois en faveur de la fille survivante de Pierre, Élisabeth, âgée de 31 ans. Ivan VI et sa famille sont emprisonnés, d'abord près de Riga, puis à Kholmogory, dans le grand nord, loin de la frontière.

Dès le mois de décembre, la nouvelle impératrice invite en Russie son neveu Charles-Pierre-Ulrich de Holstein-Gottorp, né en 1728. Ce dernier arrive à Saint-Pétersbourg en février 1742 et assiste au couronnement de sa tante, qui a lieu à Moscou en avril. Le 7 novembre, elle le désigne pour héritier. Le 17 novembre, le prince est baptisé dans la confession orthodoxe sous le nom de Pierre Fédorovitch. Paradoxe : un coup d'État dirigé contre les Allemands aboutit à donner pour futur empereur à la Russie un prince allemand.

SOUVENIR D'UN FIANCÉ DÉFUNT

Deux ans auparavant, le fils du « roi-sergent », Frédéric II, a décidé de se servir de l'outil de puissance forgé par son père, cette belle armée dont Christian-Auguste d'Anhalt-Zerbst est officier général. En 1740, l'année même de son accession au trône, Frédéric profite de la mort de l'empereur Charles VI pour entrer en guerre contre sa fille

Marie-Thérèse et pour s'emparer de la riche Silésie, la province la plus septentrionale des États héréditaires des Habsbourg. Il augmente ainsi son territoire d'un tiers et double sa population.

S'ensuivent huit années de la guerre dite de Succession d'Autriche. Au cours de ce conflit, Frédéric II, allié aux Français et aux Bavarois, affronte les Autrichiens, alliés aux Saxons ; suivant la formule bien connue, la France combat alors « pour le roi de Prusse ». Pour maintenir une balance avantageuse dans le conflit, Frédéric a tout intérêt à ce que la Russie prenne son parti ou demeure neutre. Le mariage d'une princesse issue de sa clientèle avec le grand-duc héritier de Russie renforcera, espère-t-il, les positions prussiennes à Saint-Pétersbourg.

Or, l'impératrice Élisabeth se montre favorable à la Maison de Holstein-Gottorp : par le mariage de sa sœur Anne Pétrovna, cette famille est considérée comme proche parente de la Maison impériale de Russie ; Élisabeth elle-même a été fiancée à un prince de Holstein-Gottorp, mort prématurément en 1727. En 1743, l'impératrice intervient pour que l'oncle maternel de Sophie, le prince-évêque de Lübeck, devienne prince héritier du royaume de Suède.

L'attention des cours se porte de ce fait sur Sophie. Elle est Holstein-Gottorp par sa mère et nièce du fiancé défunt de l'impératrice ; son âge est analogue à celui du grand-duc héritier de Russie. La même année 1743, un émissaire d'Élisabeth rencontre la princesse à Hambourg et emporte son portrait. Une nouvelle rencontre a lieu à Berlin, sous l'égide de Frédéric II. En janvier 1744, Sophie et sa mère sont conviées en Russie. Le roi de Prusse leur écrit pour donner son aval au projet. De mariage, il n'est pas encore explicitement question.

La famille d'Anhalt-Zerbst se met en route le 10 janvier. De Zerbst on se rend à Berlin, où Frédéric II accueille Sophie avec amabilité. Entre Berlin et Stettin, Christian-Auguste fait ses adieux à sa fille, lui laissant un mémoire sur la conduite à tenir à la cour de Russie. Après un mois de voyage accompli dans des conditions d'inconfort extrêmes dues à la saison, Sophie et sa mère parviennent à Saint-Pétersbourg, puis gagnent Moscou, où elles font leur entrée le 14 février 1744.

Arrivé ici, il serait de bon ton de plaindre le sort des princesses d'Ancien Régime, victimes passives d'unions arrangées. Ce serait oublier que, pour les principales intéressées, le mariage était la grande affaire de la vie, et que, par leur éducation, la plupart d'entre elles désiraient une union qui serait la plus avantageuse possible du point de vue de la naissance, du rang, de la fortune, de l'importance politique et sociale. L'inclination à l'endroit du futur époux ne venait qu'en second lieu. Sophie ne faisait pas exception à la règle.

ANNEXE

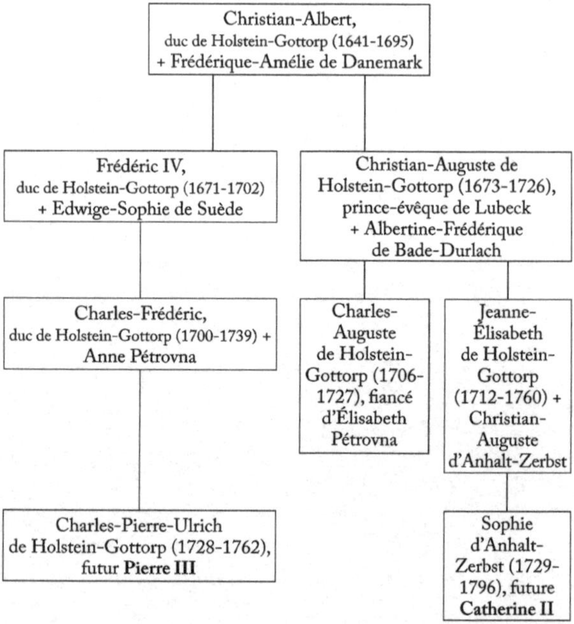

Généalogie des Holstein-Gottorp

2

LA GRANDE-DUCHESSE ET L'IMPÉRATRICE

Appelée en Russie pour devenir l'épouse du grand-duc héritier, Sophie d'Anhalt entra pour une quinzaine d'années dans un état d'expectative permanente : il lui fallut d'abord devenir effectivement grande-duchesse, puis parvenir à le rester, pour enfin atteindre le moment où, conjointement avec son mari, elle monterait sur le trône de Saint-Pétersbourg et de Moscou.

Pour ce faire, elle dut s'adapter à un pays encore très superficiellement occidentalisé, et obtenir puis conserver les bonnes grâces de l'impératrice Élisabeth, en même temps que celles de son mari le grand-duc Pierre. L'entreprise s'avéra difficile et ce ne fut que par la conjonction du hasard et de la persévérance que la princesse allemande arriva à bon port.

PREMIERS MOIS EN RUSSIE

L'Empire que découvrait Sophie d'Anhalt-Zerbst était un pays hors normes : par son immensité – de la Pologne à la Chine, de l'océan Arctique aux steppes de l'Asie centrale –; par son régime politique, qui faisait du souverain un autocrate tout-puissant; par son organisation sociale, dont l'asservissement de la paysanerie était le trait majeur; par sa religion dominante – l'orthodoxie. Pierre le Grand, mort vingt ans plus tôt, avait modernisé l'État et la société à marche forcée, mais la Russie demeurait aux yeux des Européens un espace à demi-barbare.

L'impératrice Élisabeth, grande et grosse femme au port majestueux, savait en imposer à son entourage et à ses sujets. Parlant français et allemand, amatrice de modes françaises, attentive à animer une cour conforme aux modèles occidentaux, elle n'en restait pas moins profondément russe, et le vernis européen se dissolvait aisément en cas de contrariété. Orthodoxe dévote, elle observait le grand carême avec rigueur et entraînait sa famille et ses courtisans dans de longs pèlerinages vers les sanctuaires réputés de la vieille Russie. Élisabeth ne passait pas pour chaste, ayant contracté un mariage morganatique avec le cosaque Alexis Razoumovski, surnommé l'« empereur de la nuit », puis pris pour amant officiel le chambellan Ivan Chouvalov. Jalouse de son pouvoir, elle gouvernait cependant assez peu et laissait agir ministres et favoris.

Elle avait espéré trouver un continuateur dans son neveu et héritier le grand-duc Pierre, mais ne tarda pas à lui découvrir un tempérament opposé au sien. Allemand de naissance et d'éducation, luthérien de religion, le futur grand-duc avait d'abord été élevé dans la perspective d'une élévation au trône de Suède. Quand il devint héritier de la couronne de Russie, il lui fallut opérer une révolution copernicienne, se convertir à l'orthodoxie et apprendre le russe. Ce fut un échec : Pierre demeura en lui-même allemand et luthérien, admirateur de Frédéric de Prusse et contempteur de la religion orthodoxe.

Dans ses *Mémoires*, Catherine II fait de son époux un portrait-charge : laideur, saleté, ivrognerie, bêtise, nullité intellectuelle, brutalité, cruauté, couardise, indiscrétion maladive. D'innombrables anecdotes jalonnent son récit, qui justifient par anticipation la prise du pouvoir par la future impératrice : le grand-duc fait faire l'exercice à ses soldats de plomb, perce un trou dans un mur pour épier sa tante ; il s'ennuie à la Conférence d'État ; fait mille polissonneries, même à l'église, marche à cloche-pied à travers le palais. Cependant, les actes de Pierre devenu empereur ne correspondent pas exactement à cette image de parfait imbécile.

Le premier contact entre Sophie et son futur époux ne fut pas très concluant. « Le grand-duc, rapportent les *Mémoires*, parut se réjouir de l'arrivée de ma mère et de la mienne. J'étais dans ma quinzième année. Pendant les premiers jours il me marqua beaucoup d'empressement. Dès lors, et pendant ce court espace de temps, je vis et je compris qu'il ne faisait pas beaucoup de cas de la nation sur laquelle il était destiné à régner ; qu'il tenait au luthérianisme [*sic*] ; qu'il n'aimait pas ses entours, et qu'il était fort enfant. Je me taisais et j'écoutais, ce qui me gagna sa confiance. Je me souviens qu'il me dit, entre autres choses, que ce qui lui plaisait le plus en moi, c'était que j'étais sa cousine, et qu'à titre de sa parente il pourrait me parler à cœur ouvert ; ensuite de quoi il me dit qu'il était amoureux d'une des filles d'honneur de l'impératrice, qui avait été renvoyée de la cour lors du malheur de sa mère, une Madame Lapoukine, qui avait été exilée en Sibérie ; qu'il aurait bien voulu l'épouser, mais qu'il était résigné à m'épouser moi, parce que sa tante le désirait. J'écoutais ces propos de parentage en rougissant, et le remerciant de sa confiance prématurée ; mais au fond de mon cœur je regardais avec étonnement son imprudence et manque de jugement sur quantité de choses. »

Le 28 juin 1744, Sophie se convertit à l'orthodoxie et reçut le nom de Catherine Alexeïevna en l'honneur de la mère d'Élisabeth, Catherine Ire. Les fiançailles eurent lieu le lendemain 29 juin, jour de la Saint Pierre. À l'en croire, la future grande-duchesse avait pris le parti de faire bon visage : « Je ne témoignais de penchant pour aucun côté, ni me mêlais de rien, avais toujours un air serein, beaucoup de prévenance, d'attention et de politesse pour tout le monde, et comme j'étais naturellement fort gaie, je vis avec plaisir que de jour en jour je gagnais l'affection du public, qui me regardait comme une enfant intéressante, et qui ne manquait pas d'esprit. Je montrais un grand respect à ma mère, une obéissance sans bornes à l'impératrice, la considération la plus profonde au grand-duc, et je cherchais avec la plus profonde étude l'affection du public.»

À l'inverse, Jeanne-Élisabeth de Holstein-Gottorp agit en agent d'influence du roi de Prusse et se montra trop évidemment intrigante et intéressée; elle fut renvoyée dans son pays dès après le mariage de sa fille.

Retardées par une maladie de Pierre, les noces du grand-duc, 17 ans, et de sa cousine, 16 ans, furent célébrées à Saint-Pétersbourg, dans la cathédrale de Kazan, le 21 août 1745. Dans ses *Mémoires*, Catherine prétend que dès lors elle anticipait sa destinée future: «Le cœur ne me prédisait pas grand bonheur: l'ambition seule me soutenait. J'avais au fond de mon cœur un je-ne-sais-quoi qui ne m'a jamais laissé douter un seul moment que tôt ou tard je parviendrais à devenir impératrice souveraine de Russie, de mon chef.»

L'HÉRITIER ET LES AMANTS

Le mariage de Pierre et de Catherine fut d'emblée un échec. Il ne fut pas consommé immédiatement et une réputation d'impuissance s'attacha au grand-duc. En dépit de leur proche parenté, les époux n'avaient guère d'affinités. Pierre, encore enfantin d'esprit, ne parlait que jouets ou exercices militaires puérils. Il montrait un penchant précoce pour l'alcool. Catherine, plus mûre, avait des goûts intellectuels, et nourrit très tôt des aspirations politiques. Dans les débuts de son mariage, le grand-duc essaya d'associer son épouse à ses jeux, par exemple en lui faisant monter la garde à la porte de leurs appartements. Par la suite, la discorde se mit dans le couple, et Pierre témoigna envers sa femme une aversion croissante.

Les *Mémoires* nous laissent apercevoir une personnalité à multiples facettes. D'un côté, Catherine, quoi qu'elle en dise, est visiblement une intrigante faite du même métal que sa mère. Dès son arrivée, elle cherche à se faire des fidèles et des obligés, nobles ou domestiques ; plus tard, elle se liera volontiers avec les diplomates étrangers. À la différence de son mari, elle comprend la nécessité d'apprendre le russe, l'étudie avec acharnement et parvient à le parler et à l'écrire convenablement. Il lui faut quelques jours à peine pour se déclarer instruite de la religion orthodoxe et pour en observer les cérémonies avec exactitude. Elle cherche à plaire à l'impératrice, mais aussi à se créer une popularité.

Il semble cependant qu'Élisabeth ait vu clair assez vite dans le jeu de la grande-duchesse. Elle la traite médiocrement, la tient à distance, change à plusieurs reprises ses domestiques et les officiers de sa Maison. Le couple grand-ducal doit suivre la souveraine dans ses déplacements et subir l'inconfort de palais en bois ouverts aux quatre vents en hiver et infestés de vermine en toute saison. À plusieurs reprises, Catherine tombe gravement malade, dans l'indifférence générale.

Princesse calculatrice, épouse délaissée et parfois dépressive, la grande-duchesse est aussi une toute jeune femme pleine d'énergie. Habillée en tenue d'homme, elle monte à cheval des journées entières, elle chasse et pratique les exercices de manège. Elle n'en est pas moins féminine et goûte les plaisirs du bal et des belles toilettes. Elle finit par se créer des amitiés et se faire une vie autonome, à l'écart de son déplaisant mari. Ainsi alternent ou se superposent moments d'ennui et de divertissement, d'insouciance apparente et d'intrigues souterraines.

Il lui fallait pourtant engendrer un héritier, sauf à risquer la répudiation. Le 20 septembre 1754, après neuf ans de mariage et deux fausses couches, Catherine donna enfin naissance à un fils, qui fut prénommé Paul. Entretemps, elle avait succombé aux charmes du chambellan Serge Saltykov. « Il était beau comme le jour, avoue-t-elle dans ses *Mémoires*, et assurément personne ne l'égalait ni à la grande cour [celle de l'impératrice], ni encore moins à la nôtre. Il ne manquait ni d'esprit, ni de cette tournure de connaissances, de manières, de manèges, que donne le grand monde, mais surtout la cour ; il avait 26 ans. À tout prendre, c'était, et par sa naissance et par plusieurs autres qualités, un cavalier distingué. » D'emblée, Paul passa pour le fils de Saltykov et l'on en vint à supposer que ce dernier avait été poussé dans les bras de la princesse pour assurer la perpétuation de la dynastie. Enlevé à sa mère, le petit prince fut élevé auprès de l'impératrice.

LECTURES ET INTRIGUES

Ayant accompli sa fonction dynastique, Catherine n'était plus utile à personne. Elle n'était vraiment ni épouse ni mère. Sa principale occupation était la lecture. Après son mariage, elle avait lu surtout des romans, le premier étant l'*Histoire du vaillant chevalier Tirant le Blanc*, roman de chevalerie catalan du XVᵉ siècle, traduit en français et adapté au goût du jour en 1740. Elle passa ensuite aux *Lettres* de Mme de Sévigné, puis à des livres d'histoire : œuvres de Voltaire, *Mémoires* de Brantôme, *Vie de Henri IV* par Hardouin de Péréfixe.

Ses longues heures de solitude lui permettaient de lire, sur des mois entiers, les ouvrages les plus imposants : l'*Histoire générale d'Allemagne* du Père Joseph Barré, en neuf volumes in-quarto ; les *Œuvres* de Platon, le *Dictionnaire* de Bayle, l'*Essai sur les mœurs* de Voltaire, les *Annales* de Baronius traduites en russe, *De l'Esprit des lois* de Montesquieu, les *Annales* de Tacite, l'*Histoire générale des voyages*, « avec la carte sur la table », les premiers volumes de l'*Encyclopédie* de Diderot et d'Alembert.

Aucune de ces lectures n'était innocente. Selon la conception du temps, dans l'éducation des princes, l'histoire est une introduction à la politique. Catherine faisait ainsi, par elle-même, sa propédeutique à l'exercice du pouvoir. La lecture des philosophes modernes, Bayle, Montesquieu, Voltaire, Diderot, annonçait des idées de réforme générale, dans la continuité de Pierre le Grand, modèle affiché de la dynastie et second fondateur de l'Empire.

À partir de 1756, la santé de l'impératrice Élisabeth, pourtant peu âgée, alla se dégradant. Après une première attaque d'apoplexie, les accidents – syncopes, « vapeurs », hémorragies – se succédèrent. La personnalité peu engageante de son successeur désigné inquiétait au sein des élites. « Jamais héritier présomptif n'eut moins l'amour de ses peuples, constatait le diplomate français Jean-Louis Favier. Né étranger, son inclination trop marquée pour tout ce qui est allemand blesse vivement une nation jalouse et exclusive. Peu religieux dans son extérieur, il n'a point gagné la confiance du clergé. Toujours éloigné des affaires par le caractère timide et défiant de la souveraine et par la cabale des ministres et des favoris, on prétend qu'il l'est encore plus par sa légèreté, ou même son incapacité.»

Pierre manifestait son admiration pour Frédéric II au moment même où la Russie entrait en guerre contre la Prusse aux côtés de l'Autriche et de la France.

Dès lors, les différentes factions de cour agitèrent des scénarios alternatifs, plus ou moins crédibles : on pouvait imaginer de restaurer l'ex-Ivan VI, désormais enfermé dans la forteresse de Schlisselbourg et qui atteignait à présent l'adolescence ; Élisabeth pouvait légitimer les possibles enfants qu'elle aurait eus de son mariage morganatique avec Razoumovski et les déclarer habiles à succéder au trône ; elle pouvait aussi faire passer la couronne sur la tête du grand-duc Paul, la régence étant confiée à sa mère et le gouvernement effectif de l'Empire à de hauts dignitaires. De son côté, le grand-duc Pierre avait pris pour maîtresse la comtesse Élisabeth Vorontsov et caressait l'idée de divorcer de la grande-duchesse pour s'unir à sa favorite.

En 1756, Catherine noua une nouvelle liaison amoureuse avec le magnat polonais Stanislas Poniatowski, envoyé de la République polono-lituanienne à Saint-Pétersbourg. Fin 1757, elle accoucha d'une fille, prénommée Anne, que le grand-duc Pierre reconnut officiellement tout en remettant publiquement en cause sa paternité effective. Pour Catherine, le danger devenait brûlant. La grande-duchesse se rapprocha des officiers des trois régiments de la Garde – Préobrajenski, Sémionovski et Izmaïlovski – et commença à faire des projets de coup d'État.

L'impératrice Élisabeth mourut le 25 décembre 1761, âgée de 52 ans, sans avoir changé l'ordre de sa succession. Catherine, alors enceinte d'un nouvel amant, n'était pas en mesure de prendre l'initiative. Conformément aux dispositions prises vingt ans plus tôt, le grand-duc Pierre devint l'empereur Pierre III.

3

LE COUP D'ÉTAT DE 1762

Les obsèques solennelles de l'impératrice Élisabeth eurent lieu le 25 janvier 1762. Tandis que Catherine jouait la nièce éplorée, Pierre III scandalisait l'opinion en interdisant de prendre le deuil et en affichant sa satisfaction de régner. La mésentente entre le nouvel empereur et son épouse éclatait aux yeux de tous.

SIX MOIS DE RÈGNE

La première mesure prise par Pierre III fut de conclure la paix avec Frédéric II, pourtant placé dans une situation militaire désespérée, et de lui restituer les territoires conquis : ce fut ce que l'historiographie a nommé le « miracle de la Maison de Brandebourg ». Cette décision, qui sur le moment passa pour absurde et a été portée au débit du jeune empereur, est aujourd'hui réévaluée. En épargnant la Prusse, la Russie évitait que l'Autriche ne redevienne toute-puissante à l'intérieur du Saint-Empire germanique. Elle se trouvait ainsi placée dans une position d'arbitre entre les deux puissances et apte à en tirer parti, par exemple au détriment de la Pologne. Il est à remarquer que toute critique qu'elle ait été de cette paix, Catherine, une fois parvenue au pouvoir, se garda de reprendre la guerre contre la Prusse.

Lors de son accession au trône, Pierre III gracia des condamnés et rappela des exilés. Il se montrait de fait plus magnanime qu'Élisabeth, dont on avait tant vanté la douceur ! Le souverain diminua les taxes sur le sel, supprima la chancellerie secrète, sorte de police politique, adoucit la répression contre les schismatiques désignés sous l'appellation de vieux-croyants, ordonna la sécularisation des biens d'Église. La mesure majeure prise par le monarque fut le manifeste du 18 février 1762 sur la liberté de la noblesse, qui exemptait les nobles de l'obligation de servir l'État. Autant de décisions que Catherine reprit à son compte ou dont elle s'attribua plus tard la paternité.

Pierre avait accompli davantage de réformes en six mois qu'Élisabeth durant les vingt années précédentes… mais l'impopularité demeurait. L'empereur persistait à témoigner son mépris pour la religion orthodoxe, son clergé et ses cérémonies. Il s'entourait d'Allemands, avait fait venir une garde particulière du Holstein, son pays natal, et contraignait les régiments de la Garde à adopter un uniforme de coupe prussienne.

De son côté, Catherine avait tout à craindre. Le 10 avril, elle accoucha d'un fils, que l'empereur ne reconnut pas. Pierre III se refusait même à qualifier le grand-duc Paul d'héritier du trône. Il était susceptible de divorcer, de faire enfermer l'impératrice dans un couvent ou dans une forteresse, de déclarer ses enfants bâtards, et de convoler avec Élisabeth Vorontsov.

Ce fut de l'alliance entre Catherine, qui craignait sa répudiation, et la Garde, qui redoutait sa dissolution ou son envoi hors de la capitale, que partit le coup décisif. L'impératrice semble s'être décidée à agir après que son mari l'eut traité de sotte en public pendant un banquet. Elle s'appuya sur son nouvel amant, Grigori Orlov, et sur ses frères Alexis et Fédor, tous trois officiers passés par les régiments de la Garde.

Le coup d'État, copie presque conforme de celui d'Élisabeth vingt ans plus tôt, se déclencha le 28 juin 1762. Ce jour-là, Pierre III résidait à Oranienbaum, palais situé à 40 kilomètres à l'ouest de la capitale, sa résidence favorite, tandis que Catherine était à Peterhof, palais plus proche de Saint-Pétersbourg. La souveraine, accompagnée de son fils, partit pour Pétersbourg et se fit prêter serment par les régiments de la Garde sur la place située devant la cathédrale de Kazan. Le même jour, elle publia un manifeste demeuré célèbre : « Tous les vrais patriotes n'ont que trop reconnu le danger qui menaçait l'empire de Russie. En premier lieu, notre religion orthodoxe était ébranlée, les canons de l'Église grecque renversés, et l'on s'attendait déjà au dernier malheur de voir l'orthodoxie, établie anciennement en Russie, changée, et une religion étrangère introduite à la place; en second lieu, la gloire de la Russie, portée au plus haut degré par ses armes victorieuses et au prix de son sang, vient d'être sacrifiée à ses ennemis mêmes par la paix nouvellement conclue, pendant que les arrangements intérieurs de l'Empire, qui font le bonheur de notre chère patrie, étaient foulés aux pieds. Touchée donc du péril auquel tous nos fidèles sujets allaient être exposés, et surtout ne pouvant nous refuser à leurs souhaits sincères et unanimes, nous sommes montée sur notre trône impérial de Russie, après avoir mis notre confiance en Dieu et en la Justice divine: en vertu de quoi tous mes sujets nous ont prêté solennellement le serment de fidélité.» Le serment en question était adressé à Catherine, «impératrice souveraine et autocrate», mais aussi à son fils âgé de 7 ans, «le souverain tsésarévitch et grand-duc Paul Pétrovitch, héritier légitime du trône de toutes les Russies».

Prenant la tête de plusieurs milliers d'hommes, Catherine, en uniforme d'officier du régiment Préobrajenski, se dirigea sur Oranienbaum. Tandis que les dignitaires de l'Empire se ralliaient avec plus ou moins d'enthousiasme à la nouvelle souveraine, Pierre III demeurait dans l'inaction, comme anéanti. Après avoir tenté de rallier la forteresse de Kronstadt, dont la garnison lui refusa l'entrée, il revint à Oranienbaum et accepta de signer un acte d'abdication le 29 juin. Il fut envoyé peu après en résidence surveillée au palais de Ropcha, autre résidence impériale située au sud de Pétersbourg.

UNE CRISE D'HÉMORROÏDES ?

Jusque-là, le coup d'État n'avait pas répandu une goutte de sang. Le 6 juillet, cependant, Pierre III décéda dans des circonstances mal éclaircies - maladie soudaine, accident à la suite d'une querelle d'ivrognes ou exécution programmée par les conjurés. La rumeur publique accusa les frères Orlov.

Le 7 juillet, Catherine II publia un nouveau manifeste donnant la version officielle de la mort de son époux: «Le septième jour après notre avènement au trône de toutes les Russies, nous avons reçu la nouvelle que le ci-devant empereur Pierre III, par un accident hémorroïdal auquel il était quelquefois sujet, se trouvait attaqué d'une violente colique. Pour ne point manquer à notre devoir de chrétienne et au saint commandement par lequel nous sommes obligés à la conservation de la vie de notre prochain, nous avons aussitôt ordonné de lui envoyer tout ce qui était nécessaire pour prévenir les suites dangereuses de cet accident, et soigner sa santé à l'aide de la médecine. Mais, à notre grand regret et affliction, nous reçûmes hier au soir de nouveaux avis que, par la permission du Tout-Puissant, il était décédé. C'est pourquoi nous avons ordonné de transporter son corps au monastère Nevski, pour y être inhumé et en même temps nous excitons et exhortons tous nos fidèles sujets, par notre parole impériale et maternelle, pour qu'en oubliant tout le mal passé, ils rendent à son corps les derniers honneurs et prient sincèrement Dieu pour le repos de son âme, prenant, en attendant, cette fin inopinée pour un effet particulier de la Providence divine, qui par des vues impénétrables prépare à Nous, à notre trône et à toute la patrie des voies uniquement connues à sa sainte volonté.» Le même jour, l'impératrice publia un autre manifeste annonçant que son sacre et son couronnement auraient lieu à Moscou au mois de septembre.

Dans une lettre sans doute adressée à Poniatowski, Catherine confirme cette version de la fin de Pierre III sur un mode moins grandiloquent: «La peur lui avait donné un cours de ventre qui dura trois jours et s'arrêta au quatrième. Il but excessivement ce jour-là, car il avait tout ce qu'il voulait, hors la liberté. Il ne m'a cependant demandé que sa maîtresse, son chien, son nègre, et son violon ; mais, crainte de scandale et d'augmenter la fermentation dans les esprits, je ne lui envoyai que les trois dernières choses. La colique hémorroïdale lui reprit avec le transport au cerveau ; il fut deux jours dans cet état, d'où s'ensuivit une grande faiblesse, et, malgré les secours des médecins, il rendit l'âme en demandant un prêtre luthérien. Je craignis que les officiers ne l'eussent empoisonné, tant il était haï. Je le fis ouvrir, et il est certain qu'on n'en trouva pas la moindre trace : il avait l'estomac très sain, mais l'inflammation dans les boyaux et un coup d'apoplexie l'avaient emporté ; son cœur était d'une petitesse extrême, et était flétri. »

L'empereur défunt fut enterré sans cérémonies. Les récompenses ne tardèrent pas à pleuvoir sur les principaux artisans du coup d'État. Les Orlov furent faits comtes, officiers généraux, pourvus de terres et de serfs, et décorés de tous les ordres de l'Empire.

Le 28 juillet 1762, Bérenger, chargé d'affaires de France à Saint-Pétersbourg, se scandalisait encore de cette énième révolution de palais : « Quel tableau pour la nation elle-même, et jugeant de sang-froid ! d'un côté, le petit-fils de Pierre Ier détrôné et mis à mort ; de l'autre, le petit-fils du czar Ivan languissant dans les fers, tandis qu'une princesse d'Anhalt usurpe la couronne de leurs ancêtres en préludant au trône par un régicide. »

La touche finale de l'usurpation arriva deux ans plus tard. Un officier subalterne convainquit une partie de la garnison de Schlisselbourg de libérer Ivan VI pour le rétablir sur le trône. Obéissant aux instructions données dans cette éventualité, les officiers fidèles à Catherine II exécutèrent leur prisonnier.

Catherine devenait ainsi une double régicide et une triple usurpatrice : du trône de son cousin Ivan VI, de celui de son mari Pierre III, et de celui de son fils Paul. La cause lointaine de la réussite de son coup d'État tint à l'instabilité politique des quatre décennies précédentes, qui avait habitué à l'usage de la force dans la transmission du pouvoir et affaibli l'idée de légitimité. La cause immédiate du succès fut l'inconsistance de Pierre III, incapable de prévenir une conjuration contre laquelle il avait été averti, et de la juguler quand elle se déclencha. Enfin, Catherine avait tout simplement été servie par la chance. C'est bien d'elle que l'on peut dire : la fortune sourit aux audacieux.

ANNEXE

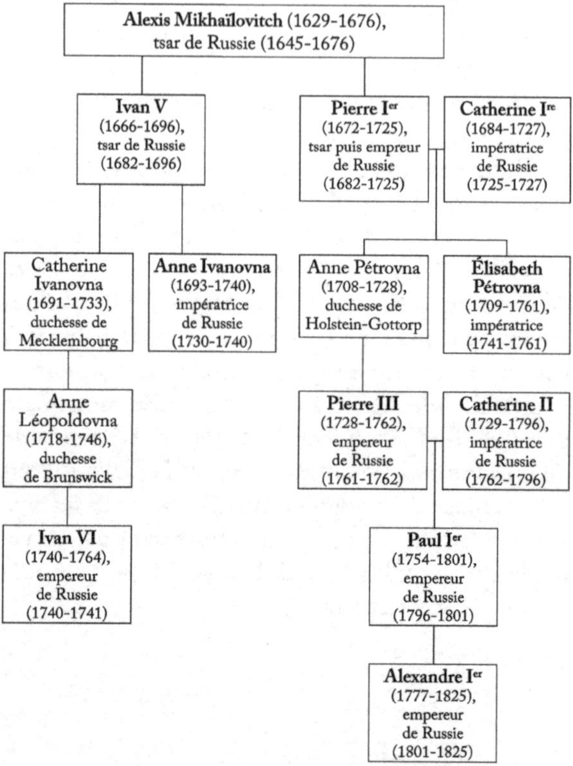

Généalogie de la Maison impériale de Russie

4

LA RÉFORMATRICE

Le couronnement de Catherine II eut lieu dans la cathédrale de la Dormition du Kremlin le 23 septembre 1762. Elle était entourée de son fils, le grand-duc Paul, d'Alexis Razoumovski, l'époux morganatique de l'impératrice défunte, et du vieux prince Mikhaïl Golitzyne, président du collège de la marine, relique vivante du règne de Pierre le Grand. L'archevêque de Novgorod, complice du coup d'État, lui administra l'onction du sacre. Le haut clergé, la haute aristocratie et les anciens favoris d'Élisabeth : tous les soutiens du nouveau pouvoir étaient représentés. Les fêtes du couronnement furent suivies de deux pèlerinages au monastère de la Trinité Saint-Serge puis à Saint-Dimitri de Rostov. Il fallait bien marquer que le nouveau règne assurait le triomphe de l'orthodoxie.

PORTRAIT D'UNE JEUNE IMPÉRATRICE

Au physique, la femme de 33 ans qui vient de coiffer la couronne de Russie est, au dire du Français Favier, une beauté « rien moins qu'éblouissante » :

« une taille assez longue et fine, mais point dégagée ; l'air noble mais le maintien roide et guindé, la poitrine étroite, un visage long, surtout un menton qui ne finit pas, la bouche riante, mais plate et qui vise à être enfoncée, le nez un peu aquilin ; les yeux pas grands, mais le regard vif et gracieux ; le visage un peu marqué de petite vérole (ou de quelques autres irrégularités apparentes), voilà le portrait d'une femme qui est mieux que mal, mais sur laquelle il n'y point du tout à se récrier ».

Au moral, Catherine est un curieux composé d'ambition et de prudence, de rêveries romanesques et de réalisme brutal, de sécheresse et de générosité, de sincérité et d'hypocrisie. La lecture des anciens et des modernes, des romans et des philosophes, a nourri sa volonté d'être une grande souveraine, législatrice et réformatrice, à l'instar de Pierre le Grand, le glorieux prédécesseur qui est son modèle affiché. Simultanément, les péripéties de sa jeunesse lui ont appris l'art du possible et la nécessité de la dissimulation.

Catherine sait que son pouvoir demeure fragile. Il chancellerait si Paul, garant de la légitimité dynastique, venait à décéder. Il serait également compromis si une faction entreprenait de le déclarer empereur. La Garde, qui a mis Catherine sur le trône, pourrait aussi bien l'en faire descendre. « Ma situation est telle, confie-t-elle le 11 novembre 1762 à Stanislas Poniatowski, que j'ai bien des ménagements à garder, et le moindre soldat aux gardes en me voyant se dit : "Voilà l'ouvrage de mes mains". »

La jeune impératrice se montre pourtant résolue à gouverner par elle-même. Elle refuse la constitution auprès d'elle d'un Conseil impérial resserré et travaille directement avec les ministres et les hauts dignitaires. Elle réorganise le Sénat, le Conseil de gouvernement créé par Pierre le Grand, et répartit son activité entre six départements fonctionnels. Par la suite et jusqu'à la fin de son règne, Catherine fut la vraie maîtresse de son gouvernement. Ses grands collaborateurs civils et militaires furent les exécutants de sa volonté, jamais les décideurs en dernier ressort.

La souveraine connaît la profonde xénophobie de ses sujets : « On n'est nulle part, écrit-elle, plus habile qu'en Russie à remarquer le faible, le ridicule et le défaut d'un étranger ; on peut être assuré qu'on ne lui passera rien, parce que naturellement tout Russe n'aime foncièrement aucun étranger. » C'est pourquoi son entourage – conseillers, amis, amants – est presque exclusivement russe. Après Grigori Orlov, la place d'amant principal passe en 1774 à Grigori Potemkine, officier de la Garde à cheval, issu de la petite noblesse. En ce géant cyclothymique, qui se révèle chef de guerre valeureux et administrateur visionnaire, Catherine trouve un partenaire à sa mesure. Un mariage morganatique les unit – sans que ni l'un ni l'autre ne soient d'ailleurs fidèles.

LA GRANDE INSTRUCTION

Catherine II nourrissait de grands projets de réforme intérieure. En 1765 et 1766, elle rédigea un document programmatique d'un type inédit, le *Nakaz* ou « grande instruction », qui fut publié en 1767 et traduit en français et en allemand. Le volume, divisé en chapitres et en articles, se présente comme une suite de maximes générales de gouvernement et de législation. Catherine a emprunté près de la moitié des sentences, quasiment mot pour mot, à l'*Esprit des lois* de Montesquieu, le reste venant d'autres penseurs contemporains. Elle y proclame que la Russie est une puissance européenne et doit être gouvernée suivant les normes en vigueur en Europe. L'étendue de l'Empire impose l'autocratie, qui n'est pas un despotisme mais une monarchie absolue appuyée sur les lois, qui ressemble au gouvernement personnel de Louis XIV. Le monarque est défini comme le législateur suprême et le Sénat comme le « dépôt des lois ». Tous sont égaux devant la loi, qui doit être fondée sur la raison.

Cette déclaration d'intention devait servir de cadre et de guide aux travaux de la Commission de législation qui fut convoquée à Moscou en 1767 pour rédiger un nouveau Code des lois. Cette assemblée de 577 membres était composée de délégués du Sénat et des collèges ministériels ainsi que de députés des villes et des provinces. Les travaux traînèrent en longueur et n'aboutirent à aucun résultat tangible. L'assemblée se contenta de décerner à l'impératrice le titre de « mère grande et très sage ». La session fut interrompue fin 1768 et ne reprit jamais.

LA RÉVOLTE DE POUGATCHEV

Cinq ans plus tard, l'impératrice dut affronter la plus grave crise intérieure de son règne, la révolte de Pougatchev, liée au péché originel de Catherine : l'usurpation.

Depuis le XVIe siècle, des crises analogues, remettant en cause la sacralité du pouvoir, avaient suscité le phénomène du *samozvanstvo*, mot à mot l'imposture, c'est-à-dire l'irruption d'un imposteur prétendant être le tsar ou le tsarévitch disparu. De faux Pierre III avaient fait ainsi leur apparition peu de temps après le coup d'État de 1762. L'agitation s'accrut au début de la décennie suivante. En 1771, une épidémie de peste ravagea Moscou et sa région, provoquant de graves désordres. L'année suivante, une révolte éclata parmi les Cosaques du Yaïk (actuel Oural), mais fut rapidement réprimée.

Les troubles prirent la tournure d'une guerre civile en septembre 1773, quand le Cosaque Émélian Pougatchev déclara être Pierre III. Ancien soldat puis officier durant les guerres contre la Prusse et contre les Ottomans, Pougatchev avait déserté l'armée russe et était rentré clandestinement en Russie. Il rallia à lui des Cosaques du Yaïk, des Tatars et des Bachkirs musulmans, des vieux-croyants et des serfs. La rébellion ne tarda pas à faire tache d'huile dans la moyenne Volga puis dans les régions industrielles de l'Oural avant de progresser vers l'ouest. En juillet 1774, Pougatchev s'empara de Kazan, une des principales villes de l'Empire. Dans ses oukazes, le pseudo-Pierre III appelait Catherine « tsarine des propriétaires » et invitait le peuple à se saisir des biens et terres des seigneurs. Le 31 juillet 1774, il déclara le servage aboli pour l'éternité et incita à massacrer les nobles et les prêtres.

En août, l'armée impériale écrasa les rebelles et reprit Kazan. Le mois suivant, Pougatchev fut trahi par ses derniers fidèles et livré aux autorités. Il fut ramené à Moscou, jugé et décapité le 20 janvier 1775. « Le marquis Pougatchev m'a donné du fil à retordre cette année », avouait Catherine à Voltaire. L'insurrection avait fait 20000 victimes, causé d'immenses destructions et montré à l'Europe la puissance du mécontentement des masses russes et la fragilité relative du pouvoir impérial. Pour la souveraine, c'était un camouflet. La répression fut implacable.

LE TEMPS DES RÉFORMES

Une fois cette crise surmontée, Catherine II reprit les idées agitées lors des débats de la Commission de législation et s'en inspira pour un train de réformes qui s'étendit sur deux décennies. En 1775, elle institua un nouveau découpage administratif de l'Empire en «gouvernements» plus nombreux, eux-mêmes subdivisés en districts, qui rendit ces circonscriptions plus proches les unes des autres par leur population (de 300 à 400 000 habitants chacune). Il y avait cinquante et un gouvernements à la fin du règne de Catherine contre huit sous Pierre le Grand. Les gouverneurs furent assistés par une bureaucratie plus étoffée que par le passé. Cette organisation administrative subsista pour l'essentiel jusqu'en 1917.

En 1785, Catherine promulgua simultanément une Charte de la noblesse et une Charte des villes. Dans son esprit, il s'agissait d'organiser la société sur le modèle des «états» ouest-européens. La noblesse, désormais «libre», demeurait le soutien naturel du trône. Les nobles avaient le droit de ne pas servir l'État, de voyager à l'étranger, de servir dans des armées étrangères. Ils devenaient co-dirigeants de l'Empire au sein des institutions locales. À la fin du siècle, sur 200 000 nobles de sexe masculin, 15 000 servaient dans l'armée ou la marine et à peu près autant dans l'administration. Libres de choisir leur carrière, ils avaient désormais la possibilité de mettre en valeur leurs propriétés rurales, mais aussi du temps à consacrer à la culture et à la réflexion critique. Au siècle suivant, ce fut au sein de la noblesse que se développèrent les mouvements d'idées qui furent fatals à l'autocratie.

L'état « moyen » formé par les habitants des villes – que Catherine appelait en mauvais français « état mitoyen » –, devait correspondre au tiers-état des sociétés occidentales. La souveraine organisa la classe des marchands et favorisa le développement démographique et économique des villes. À la fin du siècle, il n'y avait pourtant que deux métropoles dans l'Empire : Moscou (250 000 habitants) et Saint-Pétersbourg (200 000). Loin derrière, la troisième ville, récemment acquise, était la lituanienne Vilna (50 000 habitants).

Les réformes de Catherine oubliaient la majorité de la population : les paysans, alors même que 94 % des Russes vivaient à la campagne et que 60 % étaient serfs. En 1766, Catherine fit lancer par la Société libre d'économie un concours européen pour réfléchir à l'amélioration de leur sort. Le prix revint à un Français peu connu, le jeune juriste

Béardé de L'Abbaye. Ses conclusions allaient dans le sens souhaité par l'impératrice : attendre, agir avec prudence, éduquer le peuple avant d'entreprendre des réformes statutaires. Le prince Chtcherbatov, ancien membre de la Commission de législation, concluait lui aussi que « toute abolition de l'ancien pouvoir exercé par les propriétaires sur leurs paysans peut être génératrice d'une grande ruine et entraîner la destruction de l'État ». Dans les faits, la situation des serfs tendit à se détériorer.

LES INSTITUTIONS DU PROGRÈS

À défaut d'entreprendre une transformation systémique de la société, Catherine II fut une grande créatrice d'institutions sanitaires et sociales, commission médicale, hôpitaux, asiles d'aliénés, pharmacies centrales, orphelinats. En 1768, elle donna l'exemple de l'inoculation contre la variole. Cette maladie, qui atteignait un enfant sur sept, commença à reculer.

Suivant l'exemple autrichien recommandé par Joseph II, l'impératrice fit créer 300 écoles et pensionnats, qui accueillaient au total près de 20 000 élèves à la fin du siècle. Ouverts en théorie aux personnes de toute condition, ils bénéficièrent surtout aux classes supérieures.

Catherine promut aussi les premières institutions d'enseignement féminin. En 1764, ouvrit à Saint-Pétersbourg l'institut Smolny destiné aux jeunes filles de la noblesse – sur le modèle de la maison de Saint-Cyr fondée par Mme de Maintenon. On y apprenait les bonnes manières, les langues, l'histoire, la géographie, l'économie. En sortaient de futures épouses, capables de tenir leur maison et d'éduquer leurs enfants. Vingt ans après la fondation de l'institut, le comte de Ségur, ambassadeur de France, rencontra en Russie des dames capables de parler quatre ou cinq langues. Après l'occidentalisation superficielle de la cour sous Pierre et ses successeurs, Catherine fit ainsi émerger une bonne société imprégnée de culture européenne.

À partir des années 1760, la Russie connut un véritable essor éditorial. Bien que le mot n'existât pas encore, une *intelligentsia* commençait à se former. Catherine publia elle-même un journal, le *Bric-à-brac*, sous différents pseudonymes. L'exemple fut suivi par d'autres publications satiriques et critiques. L'expérimentation d'une presse libre s'arrêta cependant assez vite, car la souveraine comprit que l'esprit critique s'attaquait aux bases de l'autocratie, c'est-à-dire au caractère sacré du pouvoir.

Continuatrices de celles de Pierre le Grand, les réformes de Catherine II furent peut-être moins audacieuses. Usurpatrice d'origine étrangère, Catherine était tenue à plus de prudence que Pierre, autocrate sûr de sa légitimité.

L'appareil étatique constitué par ce dernier se développa et gagna en efficacité. Les institutions culturelles se multiplièrent. La noblesse se constitua en classe autonome semblable aux noblesses d'Europe occidentale. Mais toutes ces transformations comportaient un danger qui s'était déjà dessiné sous Pierre Ier: elles ne faisaient qu'élargir encore le fossé entre des élites européanisées et un peuple largement miséreux et demeuré fidèle à ses traditions. Il n'est pas certain que Catherine ait eu conscience du péril que cette distorsion constituait pour l'avenir.

5

LA GUERRE TURQUE

Depuis le XVIIe siècle, la Russie avait trois ennemis traditionnels : la République polono-lituanienne, le royaume de Suède et l'Empire ottoman. Quand Catherine II monta sur le trône, la première, désorganisée par son système de royauté élective et d'anarchie nobiliaire, était réduite à l'impuissance et tendait à devenir un protectorat russe. Le deuxième, privé de ses provinces baltiques par Pierre le Grand, à nouveau vaincue sous Élisabeth, se résignait avec peine à son statut de puissance moyenne. L'Empire ottoman, enfin, demeurait l'adversaire principal, dans une atmosphère de haine religieuse réciproque.

En revanche, Catherine II veilla à maintenir des relations pacifiques avec les puissances occidentales et joua une politique de neutralité ou de bascule entre Prusse et Autriche, France et Angleterre.

LA PREMIÈRE GUERRE RUSSO-TURQUE

La première guerre de Catherine la prit par surprise. L'initiative en revint à la Sublime Porte, lassée des empiètements russes en Ukraine polonaise et des incursions cosaques en terre ottomane. Au début de 1769, le khan tatar de Crimée, vassal de Constantinople, envahit l'Ukraine tandis que l'armée turque entrait en Podolie polonaise.

Les opérations se déroulèrent à la fois sur terre et sur mer. Sur terre, l'armée du général Roumiantsev franchit le Danube et occupa la Moldavie et la Valachie, principautés vassales de la Porte. Sur mer, une flotte russe commandée par Alexis Orlov, partie de Kronstadt, fit le tour de l'Europe et entra en Méditerranée. Les 25 et 26 juin 1770, cette flotte attaqua la flotte turque dans la baie de Tchesmé et l'anéantit. « La guerre est une vilaine chose, Monsieur, annonçait Catherine à Voltaire. Le comte Orlov me dit que, le lendemain de l'incendie de la flotte, il vit avec effroi que l'eau du port de Tchesmé, qui n'est pas fort grand, était teinte de sang, tant il y était péri de Turcs. » C'était la plus grande victoire de la marine russe depuis sa création par Pierre le Grand : l'impératrice fit célébrer un service à la mémoire de son glorieux prédécesseur et, deux ans plus tard, déposa un étendard pris aux Ottomans sur son tombeau. Pendant cinq années, l'escadre russe se trouva maîtresse de la mer Égée et croisa au large de l'Égypte et de la Syrie. Beyrouth tomba même aux mains des Russes en 1773.

La paix fut signée à Kutchuk-Kaïnardji, village de l'actuelle Bulgarie, le 10 juillet 1774. La Russie annexait une grande partie de la côte nord de la mer Noire. Le khanat de Crimée devenait un État indépendant, protectorat russe de fait. La flotte russe recevait le droit de libre circulation en mer Noire et à travers les Dardanelles. La Turquie récupérait les principautés de Moldavie et de Valachie, mais la Russie devenait la protectrice attitrée des orthodoxes de l'Empire ottoman.

LA DEUXIÈME GUERRE RUSSO-TURQUE

La paix de Kutchuk-Kaïnardji n'avait été qu'un armistice. En 1782, l'armée russe occupa la Crimée, qui fut annexée à la Russie l'année suivante. De nombreux musulmans émigrèrent, tandis que des chrétiens, principalement grecs et arméniens, arrivaient des régions voisines.

Accompagnée de l'empereur germanique Joseph II et de Potemkine, Catherine effectua un voyage triomphal dans ses nouvelles possessions en 1787 : partie de Pétersbourg, passant par Kiev, elle alla jusqu'à Sébastopol, le port bâti par son amant en Crimée. Ce fut une sorte d'apogée du règne. Le comte de Ségur, ambassadeur de France, lui écrivait : « À Sébastopol, vous avez achevé au sud ce que Pierre le Grand avait commencé au nord. » Sur le chemin du retour, Catherine se rendit sur le champ de bataille de Poltava, la grande victoire de Pierre Ier sur les Suédois, où l'attendait une reconstitution à laquelle participèrent 50000 hommes. «La joie et la gloire brillaient dans les yeux de Catherine, rapporte Ségur ; on aurait pu croire que le sang de Pierre le Grand coulait dans ses veines.»

La Porte ne pouvait se résigner à la perte d'un territoire peuplé de musulmans, le premier cédé depuis la naissance de l'Empire ottoman. Le sultan modernisa son armée et surtout son artillerie avec l'aide d'experts français. À l'automne 1787, sa flotte attaqua la Crimée. La situation s'aggrava l'année suivante, quand Gustave III de Suède, qui rêvait de récupérer les provinces baltiques, se joignit à la Turquie, contraignant la Russie à lutter sur deux fronts. Tandis que ses troupes attaquaient sur terre en Finlande, sa flotte devait débarquer et s'emparer de Saint-Pétersbourg. «Il faut reconnaître, écrivait alors Catherine, que Pierre Ier a créé sa capitale bien près de la Suède!» Après deux années ponctuées de batailles navales sanglantes et indécises, le conflit russo-suédois se termina par une paix blanche.

Il fallut plusieurs victoires russes, sur terre et sur mer, pour mettre fin à la guerre avec la Turquie. En août 1790, l'amiral Ouchakov écrasa la flotte ottomane devant Hadjibey (futur Odessa) ; à la fin de l'année, le général Souvorov prit d'assaut la forteresse d'Izmaïl, à la bouche du Danube. Pour fêter ce succès décisif, Potemkine offrit à Catherine une fête mémorable au cours de laquelle fut exécuté un air du poète Derjavine, *Retentis, tonnerre de la victoire!* qui devint l'hymne officieux de l'Empire russe :

Retentis, tonnerre de la victoire !
Réjouis-toi, Russe vaillant,
Pare-toi d'une gloire éclatante !
Tu as foudroyé Mahomet.

Découragé, le sultan signa la paix à Iasi le 29 décembre 1791 : il reconnaissait l'annexion à l'Empire russe de la Crimée et de tout le territoire situé entre le Dniestr et le Boug. La Russie devenait la puissance dominante de la mer Noire, jadis lac ottoman.

La succession de victoires sur les Turcs avait fait germer dans la tête de Catherine et de ses conseillers ce que l'on a appelé le « projet grec » : la destruction de l'Empire ottoman et la création à Constantinople d'une nouvelle monarchie chrétienne, indépendante de la Russie mais alliée à elle. L'impératrice imaginait aussi de créer sous le nom de Dacie, un nouveau royaume constitué de la Moldavie, de la Valachie et de la Bessarabie, qui aurait servi d'État-tampon entre la Russie, l'Autriche et le nouvel « Empire grec ». À la tête de ce dernier État, elle imaginait de placer son second petit-fils né en 1779 et prénommé Constantin dans une intention prémonitoire.

L'hostilité de l'Autriche, peu soucieuse de remplacer le voisinage des turbans par celui des chapeaux, suivant l'expression de l'empereur Joseph II, fit obstacle au développement du projet.

GUERRE ET DIPLOMATIE

L'avortement du « projet grec » montre que les succès extérieurs de Catherine furent plus souvent militaires que diplomatiques. Sa politique de bascule constante entre les puissances occidentales lui interdit de nouer avec elles des liens de confiance.

L'impératrice avait hérité d'une armée en piteux état, mal nourrie, mal entretenue, mal formée, corrompue. Tout au long du règne, elle en augmenta les effectifs jusqu'à atteindre un demi-million d'hommes. Elle en améliora également la qualité. Le recrutement à vie hérité de Pierre le Grand produisait beaucoup de soldats âgés et presque invalides. Catherine limita la durée du service à vingt-cinq ans. Potemkine apporta des améliorations à l'équipement et à l'instruction. La liberté donnée aux nobles de ne pas servir eut des effets positifs : ne devinrent officiers que ceux qui avaient la vocation militaire. Le corps des officiers se russifia. Il produisit de grands capitaines, comme

Roumiantsev ou Souvorov, dont les élèves furent les vainqueurs de Napoléon.

Quand Catherine monta sur le trône, la flotte héritée de Pierre le Grand était elle aussi en mauvaise posture. Le commerce des ports de la Baltique était entièrement fait par des étrangers. La grande œuvre du règne fut la flotte de la mer Noire, construite en un temps record par Potemkine. Dans les années 1790, des sommes énormes furent dépensées pour la Marine, qui devint la troisième du monde par les effectifs, si ce n'est en qualité : 67 vaisseaux de ligne et 40 frégates, au moment où elle devait se battre à la fois contre les Turcs et contre les Suédois. L'effectif des équipages permet d'évaluer assez exactement la valeur comparée des grandes marines du temps : en 1792, l'Angleterre comptait 100 000 marins, la France 78 000, la Russie 21 000.

Au total, Catherine II aura été beaucoup plus conquérante que législatrice, davantage guerrière que pacificatrice. Son règne illustre par anticipation le mot de son successeur Alexandre III : « La Russie n'a que deux alliées : son armée et sa marine. » Il ne faut pas toutefois surestimer l'armée et la flotte russes du temps de Catherine : elles affrontèrent les troupes et les vaisseaux archaïques des Turcs puis réprimèrent des Polonais mal organisés et mal commandés. Les forces russes se montrèrent moins brillantes face à des Suédois qui avaient longtemps passé pour les meilleurs soldats d'Europe.

Le géant russe restait un colosse fragile. C'est sans doute par conscience de cette faiblesse intrinsèque que Catherine évita l'affrontement direct avec ses voisins occidentaux.

6

L'EMPIRE MULTINATIONAL

Contre l'Empire ottoman, Catherine mena des guerres ouvertes, ponctuées de sièges, de batailles terrestres et navales. Contre la République polono-lituanienne, sa politique fut plus insidieuse. Par des interventions et des pressions politiques, par des opérations de police, elle étrangla peu à peu l'ennemi héréditaire.

Ajoutées à ses conquêtes au midi, les annexions de Catherine à l'ouest prolongèrent celles de Pierre le Grand. La conséquence en fut une transformation profonde de l'État : le changement d'échelle induit un changement de nature. L'Empire russe devint un État multinational.

LE PREMIER PARTAGE DE LA POLOGNE

Depuis le XVIe siècle, la « République des deux nations », union du royaume de Pologne et du grand-duché de Lituanie, formait un vaste territoire peuplé de 12 millions d'habitants – seulement un tiers de moins que la population de la Russie –, correspondant à tout ou partie de la Pologne, de la Lituanie, du Belarus et de l'Ukraine occidentale d'aujourd'hui. Par son organisation, la République était une antithèse de l'Empire russe – une royauté élective, une structure nobiliaire post-féodale, un État dépourvu de centralisation. Imprudemment engagée par son souverain, le roi Auguste le Fort, dans la grande guerre du Nord (1700-1721), elle avait servi de théâtre principal des opérations, avait été dévastée par les troupes russes, suédoises et saxonnes et n'en avait retiré aucun profit. Durant plusieurs décennies, ses voisins, et en premier lieu la Russie, entretinrent l'anarchie interne et s'opposèrent à toute tentative de réforme étatique, sous couvert de défense des « libertés traditionnelles » de la République. Élu roi de Pologne en 1764, l'ancien amant de Catherine, Stanislas Poniatowski, rencontra une opposition identique de la part de sa maîtresse de jadis.

Les velléités réformatrices de Stanislas conduisirent à une guerre civile et à une première intervention des puissances sous couleur de rétablir l'ordre. En 1772, après une année de négociations serrées, Russie, Prusse et Autriche opérèrent un premier partage de la République. Cette dernière perdit alors un tiers de son territoire : la Russie gagna l'est du grand-duché de Lituanie, soit 1,3 million d'habitants ; la Prusse acquit les régions situées entre le Brandebourg et la Prusse, qui reçurent le nom de Prusse-Occidentale, soit 600 000 habitants ; l'Autriche fut la puissance la mieux servie avec la riche Galicie et 2,5 millions d'habitants. Non sans cynisme, Catherine déclara alors que le raccourcissement des frontières de la République était pour elle un bien, car elle la rendait plus facile à administrer et garantissait la paix avec ses voisins !

LES DEUXIÈME ET TROISIÈME PARTAGES

Au lieu de se cantonner dans le rôle de client de l'impératrice de Russie, le roi Stanislas persévéra cependant dans ses ambitions réformatrices – suppression du veto nobiliaire, établissement d'une monarchie héréditaire et constitutionnelle. Les mêmes causes produisirent les mêmes effets : guerre civile et intervention militaire étrangère – cette fois une véritable invasion d'une armée russe de 100 000 soldats, qui ne fit qu'une bouchée des armées lituanienne et polonaise. L'opération se conclut en 1791, par un deuxième partage de la République. L'Autriche était oubliée, car elle était occupée par les perspectives de guerre avec la France. La Russie annexa d'immenses territoires correspondant à l'Ukraine occidentale et à la Biélorussie. La Prusse acquit le cœur des territoires polonais, qui prirent le nom de Prusse-Méridionale. Les auteurs du partage le justifièrent par la nécessité d'éviter des troubles révolutionnaires.

En 1794, un soulèvement populaire dirigé par le général Kosciuszko entraîna une nouvelle intervention militaire russo-prussienne, qui s'acheva par le massacre de la population du faubourg varsovien de Praga et par la capitulation de la métropole polonaise. La légende veut que le général Souvorov ait annoncé sa victoire à l'impératrice par cette courte missive: «Petite mère, Hourra! Varsovie est nôtre. Signé: Souvorov.» À quoi, la souveraine aurait répondu tout aussi lapidairement: «Hourra, feld-maréchal! Signé: Catherine.»

Le 24 octobre 1795, un troisième et dernier partage mit fin à l'existence de la République polono-lituanienne. Le 25 novembre, jour de la fête de Catherine, Stanislas Poniatowski abdiqua la couronne de Pologne. Il finit ses jours à Saint-Pétersbourg deux ans plus tard. Par ce troisième partage, la Prusse acquit 1 million de sujets, avec la ville de Varsovie, l'Autriche 1,2 million, la Russie 1,2 million, avec Vilna. Ayant annexé la Courlande et la majeure partie de l'ancienne Lituanie, elle incorporait de nombreuses populations non slaves.

L'ESSOR DES MINORITÉS

Les partages successifs de la Pologne apportent à l'Empire des millions de nouveaux sujets... qui sont autant de sujets de préoccupation. Le servage s'impose en Ukraine et dans l'ex-grand duché de

Lituanie comme en Russie ; la question sociale y est tout autant posée. S'y ajoutent des questions « nationales » avant la lettre : les régions annexées sont peuplées d'Ukrainiens ou de Biélorusses souvent grecs-catholiques ou « uniates » (de rite grec, mais unis à Rome), de Polonais catholiques romains et de Juifs.

Dans les marges méridionales et orientales de l'Empire, la fragmentation ethnique est tout aussi frappante. Catherine a favorisé une immigration étrangère, principalement allemande, vers les terres fertiles du Sud, débarrassées du danger des incursions tatares venues de Crimée. Il s'agit le plus souvent de membres de sectes protestantes qui étaient persécutées dans le Saint-Empire. Chaque famille reçoit 30 hectares de terre, trente ans d'exemption d'impôts et se voit octroyer la liberté de religion. Ces colonies ne tardent pas à prospérer. Rien d'étonnant : leurs habitants travaillent pour leur propre compte et non pour un maître lointain. Loin de suivre l'exemple de ces nouveaux voisins, les paysans russes les regardent avec envie et hostilité.

Des tensions se font aussi sentir dans l'Est, entre populations locales et immigrants venus de la Russie centrale. Les Kalmouks, de religion bouddhiste, vassaux fidèles du tsar, se sentent menacés par l'arrivée des colons russes et par les tentatives de christianisation. En 1771, à la suite d'une famine, le khan des Kalmouks décide d'émigrer en Dzoungarie, région sous administration chinoise. L'exode dure sept mois et les neuf dixièmes des émigrants périssent. En Russie, la population kalmouke est réduite des trois quarts.

Tout au long du règne, Catherine II se montre peu sensible aux particularismes des populations non russes. Elle mène une politique de centralisation et d'uniformisation, analogue à celles qui sont conduites en France depuis Louis XIV, en Prusse et en Autriche par Frédéric II et Joseph II. Il faut, écrit-elle, amener les régions périphériques « à cesser de regarder comme les loups vers la forêt ». À ses sujets baltes, elle indique qu'elle est impératrice de Russie et non « impératrice de Livonie ». En 1764, elle supprime la fonction d'hetman des Cosaques d'Ukraine. L'Ukraine est désormais gérée depuis Saint-Pétersbourg par le « collège de Petite-Russie ». En 1775, Catherine prononce la dissolution de la sietch zaporogue, l'union des Cosaques d'Ukraine. Élevée dans le luthéranisme, convertie à l'orthodoxie et amie des philosophes, elle est triplement hostile à la papauté, et crée toutes sortes de difficultés aux catholiques et aux uniates des territoires annexés.

Sur le moment, expansion et uniformisation donnent à l'Empire une stature formidable aux yeux de l'Europe. Sur le long terme, elles procurent à la Russie moins d'avantages que d'inconvénients.

Le dépècement de la Pologne fait disparaître un vaste État-tampon sous protectorat russe. Il met la Russie au contact direct de la Prusse et de l'Autriche, et en compétition avec elles. On peut même se demander si la Prusse, qui y gagne continuité territoriale et profondeur stratégique, n'est pas la véritable bénéficiaire des partages.

Par son extension et la domination de davantage de populations non russes, l'Empire s'est créé une question des nationalités. Annexés de force, les Polonais ne renonceront jamais à leur indépendance et vont faire figure d'ennemis intérieurs pendant tout le XIXe siècle. Bientôt, les Ukrainiens, les Baltes, les Finlandais, vont tour à tour réclamer la reconnaissance de leur identité nationale. Au début du XVIIIe siècle, les Russes forment les trois quarts des sujets du tsar. À la fin du règne de Catherine II, ils n'en représentent plus que 49 %. Et pourtant les orthodoxes ukrainiens et biélorusses sont comptabilisés dans les statistiques comme « Russes »... Sous des apparences flatteuses, l'Empire de Catherine est un empire éclaté.

7

LA SÉMIRAMIS DU NORD

L'expérience du pouvoir, les succès intérieurs et surtout extérieurs donnent à Catherine, le temps passant, davantage d'assurance. Quadragénaire dans les années 1770, quinquagénaire dans les années 1780, la souveraine gouverne, réforme, mène la paix et guerre… et entend le faire savoir. Toujours grande lectrice, elle est aussi une rédactrice assidue, tantôt de correspondances administratives, tantôt de correspondances et d'essais littéraires.

LA SOUVERAINE AU TRAVAIL

Catherine II se distingue des deux impératrices qui l'ont précédée, Anne et Élisabeth, par sa puissance de travail. À la différence de Pierre le Grand, elle n'est pas colérique et changeante, mais au contraire stable et systématique. Elle s'intéresse à tous les sujets et assiste aux séances administratives les plus ennuyeuses. Elle participe à l'élaboration des lois et des oukazes et va jusqu'à les rédiger elle-même. Comme Pierre le Grand, elle se déplace sans cesse à travers la Russie et cherche à connaître le pays sur lequel elle règne. Elle écoute et ne décide jamais trop vite. « Ma devise est une abeille qui, volant de plante en plante, amasse son miel pour le porter dans sa ruche », écrit-elle à Voltaire. Malgré le mauvais état des routes, voire leur inexistence, elle accomplit ainsi sept tournées, parcourant toute la partie européenne de la Russie.

Dans ses lettres au baron Grimm, l'impératrice décrit ses journées-types : elle se lève à 6 heures du matin, reste deux heures et demie seule dans son cabinet, lit, écrit. Elle travaille deux heures avec ses secrétaires. Elle vaque ensuite à sa toilette, procédure longue, mais elle ne perd pas son temps, car elle reçoit des visiteurs pendant qu'on l'habille et qu'on la poudre. Ses habitudes de table sont simples. Ce qu'elle préfère, ce sont les cornichons salés. Habituellement, elle arrête les affaires à 6 heures du soir. La fin de la journée est consacrée aux distractions : théâtre, billard, promenades dans le parc, jeux de cartes avec des mises mesurées. Elle aime laisser gagner son partenaire. Elle se couche tôt. En prenant de l'âge, elle consacre beaucoup de temps à l'éducation de ses petits-enfants.

Une de ses très grandes qualités est l'aptitude à susciter la sympathie. L'amiral Tchitchagov écrit qu'elle voulait remplacer l'ancien proverbe russe : « Être près du tsar, c'est être près de la mort » par

« être près de la tsarine, c'est être près du bonheur ». Catherine aime féliciter et récompenser. Quand il s'agit de réprimander et de punir, ses collaborateurs s'en chargent. Elle laisse vieillir tranquilles les anciens favoris de Pierre III, même ceux qui lui ont été hostiles, voire les emploie à son service.

Catherine n'est ni vindicative ni cruelle. Elle sait apprécier chez ceux qui la servent non seulement le dévouement mais aussi les qualités personnelles. De façon très neuve pour la Russie, elle préfère convaincre plutôt que faire peur. Elle ne fait que suggérer les solutions et s'arrange pour que l'interlocuteur arrive aux conclusions qu'elle a suggérées. Elle est courtoise non seulement avec les puissants mais aussi avec ses domestiques, ce qui à l'époque est tout à fait inhabituel. De nombreuses anecdotes illustrent cet aspect de sa personnalité : elle veille à ce que ces histoires circulent, pour sa propre publicité.

PROPAGANDISTE DE LA RUSSIE, PROGAGANDISTE D'ELLE-MÊME

Catherine II est progressivement parvenue à imposer en Russie l'image d'une mère affectueuse, à l'étranger la réputation d'une souveraine sage et éclairée. Entrée en correspondance avec les milieux littéraires et philosophiques parisiens – en particulier avec Voltaire, Diderot et Grimm –, elle les gagne en alternant flatterie et grâces pécuniaires.

Aux uns, elle demande des conseils, aux autres elle offre des pensions ou des cadeaux déguisés : c'est ainsi qu'elle acquiert en viager la bibliothèque de Diderot ou qu'elle s'abonne à la *Correspondance littéraire, philosophique et critique*, bulletin manuscrit confidentiel rédigé par Grimm.

L'impératrice passe à écrire à ses interlocuteurs européens un temps considérable, qui n'est pas un temps perdu, loin de là. Ses correspondants se font tout à la fois ses agents de renseignement et ses propagandistes. « L'auguste Catherine a mis la raison sur le trône, comme elle y a placé la magnificence et la générosité », écrit Voltaire en 1765. « Quelle souveraine ! Quelle extraordinaire femme ! renchérit Diderot. C'est l'âme de Brutus sous la figure de Cléopâtre ; la fermeté de l'un et la séduction de l'autre. » Ainsi, tout un chacun peut admirer le bon gouvernement de « Catherine la Grande », « Minerve du Nord », « Étoile du Nord », « Sémiramis du Nord ». Le succès ainsi obtenu n'est pas seulement moral. Il sert la politique étrangère de la Russie. Quand le métropolite Platon reproche à Catherine ses liens avec Voltaire, le « sans Dieu », la souveraine lui répond qu'elle défend ainsi l'Empire contre ceux qui pourraient lui être hostiles et qu'elle ne nuit en rien au prestige de la religion.

Catherine s'essaie elle-même aux genres littéraires les plus variés, théâtre, prose historique et polémique, poésie, et même des traductions vers le russe – rien moins que Shakespeare. Rédigées en russe, ses pièces comiques et didactiques sont d'une qualité médiocre. Mais peu importe la qualité des œuvres produites par la souveraine, c'est le symbole qui compte. Catherine vante à Voltaire « la richesse et les expressions fortes » de sa langue d'adoption. On peut attribuer à la souveraine la première impulsion de ce qui donnera au siècle suivant la grande littérature russe. « Ce siècle a commencé avec un empereur charpentier et s'est terminé avec une impératrice littérateur », conclut l'historien Klioutchevski.

MONUMENTS DE PIERRE ET DE PAPIER

Férue d'Antiquité comme elle l'était, Catherine II ne pouvait qu'être soucieuse de sa réputation auprès de la postérité. Elle fait partie de ces acteurs historiques qui ont sculpté leur propre statue de leur vivant. La « grande instruction », traduite dès 1769, est son premier monument, qui impose à l'Europe sa figure de législatrice. C'est la même image que reproduisent ses portraits officiels, ses estampes et ses médailles : dans le langage allégorique, Catherine est Minerve, déesse guerrière, cuirassée et casquée, mais surtout déesse de la Sagesse.

La correspondance et les *Mémoires* sont également rédigés en pensant à une postérité immédiate ou lointaine. Le ton badin de la première emprunte à Mme de Sévigné ; le cynisme des seconds vient des *Mémoires* du cardinal de Retz. La souveraine y pose en intellectuelle sur le trône. Double réussite : dans la mémoire collective, Catherine reste comme l'impératrice des Lumières tandis que Pierre III et Paul Ier sont rejetés dans les poubelles de l'histoire.

Le décor architectural participe de cette entreprise de communication de longue durée. Catherine fait élever une des sculptures les plus célèbres du monde : la statue équestre de Pierre le Grand à Saint-Pétersbourg, par le Français Falconet, inaugurée en 1782. La dédicace *Petro Primo Catherina Secunda* (« À Pierre Ier Catherine II »), met les deux souverains sur un pied d'égalité, faisant du chef-d'œuvre de Falconet un monument conjoint des deux monarques réformateurs.

À Saint-Pétersbourg, les édifices publics renvoient à l'Antiquité gréco-romaine ou aux capitales de grandes monarchies que Catherine II souhaite égaler : l'Académie impériale des beaux-arts fait écho au Louvre de Perrault, l'Académie des sciences aux villas de Palladio. L'impératrice remplit le Palais d'Hiver et l'Ermitage d'œuvres d'art achetées en Europe par collections entières, de manière à égaler les prestigieux musées des papes et des souverains d'Occident. Les jardins de Catherine, placés sous le signe du néo-classicisme, comportent maintes allusions à ses succès militaires. À Tsarkoïé Sélo et à Gatchina, on trouve des obélisques, des colonnes rostrales, des arcs de triomphe, célébrant les victoires sur les Ottomans et les ambitions du « projet grec ». Le palais de Tauride, élevé pour Potemkine, rappelle l'annexion de la Crimée. Les églises nouvelles sont souvent placées sous l'invocation de Sainte-Catherine. Pétersbourg et les palais suburbains se transforment ainsi en un vaste mémorial de Catherine comme ils l'étaient de Pierre le Grand.

Les villes fondées par l'impératrice participent à cette entreprise de glorification. Tantôt ils portent son nom, comme Ékatérinoslav sur le Dniepr (1776) ou Ékatérinodar dans le Kouban (1794), tantôt ils reçoivent des appellations pseudo-helléniques, toujours dans l'esprit du « projet grec » : ainsi de Cherson à l'embouchure du Dniepr, nommée en l'honneur de la Chersonèse tauride des Anciens (1778), d'Odessa sur la rive ukrainienne de la mer Noire, de Sébastopol et de Simféropol en Crimée (1794).

LES VILLAGES DE POTEMKINE

La médaille a son revers. Des gens de lettres, Catherine a la tendance à la superficialité et à l'autosatisfaction. Elle est facile à tromper ou fait mine de se laisser tromper. Un gouverneur de Moscou fait éloigner tous les misérables de l'ancienne capitale avant sa venue. Durant son voyage le long de la Volga, Catherine écrit tout unîment : « Ici le peuple est riche et bien nourri. Personne ne se plaint. Ces gens sont gâtés par Dieu. » Quelques années plus tard, ces mêmes habitants supposés heureux se révoltent de la façon la plus brutale.

Le voyage fastueux de 1787 porte le phénomène à son comble. C'est le temps des célèbres « villages à la Potemkine », brillants décors peuplés de paysans épanouis, que l'amant impérial, bientôt titré « prince de Tauride », a fait préparer sur son passage. Catherine cède alors à l'ivresse de la gloire. Joseph II, qui juge avec perspicacité sa collègue impératrice, la comble de flatteries et manipule cette grande manipulatrice.

Le choix des favoris marque une même évolution. Dans sa jeunesse, Catherine recherche les hommes de haute stature et de forte personnalité, Orlov et Potemkine. Durant son âge mûr et sa vieillesse, en revanche, l'impératrice préfère la compagnie de médiocres chérubins, qui lui permettent de s'illusionner sur sa supériorité intellectuelle et sur sa faculté de séduction. Ainsi se succèdent Alexandre Lanskoï (1780-1784), Alexandre Ermolov (1784-1786), Alexandre Dmitriev-Mamonov (1786-1789), Platon Zoubov (1789-1796)... et quelques autres. L'impératrice comble ces bellâtres de titres, de grades, de décorations, de gratifications, de terres peuplées de serfs. Après la mort de Potemkine (1791), Zoubov acquiert une influence politique de premier plan.

Par ses mœurs libres, Catherine II se distingue de l'autre grande impératrice du XVIIIe siècle, Marie-Thérèse d'Autriche, mère féconde et épouse exemplaire. Elle ressemble plutôt à ses collègues masculins – Louis XV, qui cumule favorites en titre et passades du Parc-aux-Cerfs, ou Frédéric II, qui fait de jeunes officiers ses mignons alternatifs et concurrents.

Par son sens de la publicité, elle se range du côté des « despotes éclairés », conscients de la force nouvelle de l'opinion publique, que Louis XV et Louis XVI, en France, n'ont pas su anticiper. Son souci de la postérité est plus singulier et signale dans cette personnalité complexe un fond de vanité en même temps qu'une soif de reconnaissance.

Il est cependant un trait que Catherine partage avec la plupart des souverains de son temps, qu'ils soient ses alliés ou ses adversaires, hommes des Lumières ou princes attachés à la tradition : une conception de la fonction monarchique qui fait une part prépondérante au travail bureaucratique. Les empires se gouvernent désormais dans le secret d'un cabinet, une plume à la main.

8

À LA FIN, IL N'Y A QUE LA MORT QUI GAGNE

Dans les dernières années de sa vie, l'impératrice-philosophe est de moins en moins philosophe et de plus en plus impératrice. Catherine se détache des idées de liberté et de progrès pour ne plus considérer que la *realpolitik*. La Révolution française constitue le choc ultime qui transforme la souveraine des Lumières en conservatrice de l'ordre établi.

Cet ultime avatar du règne n'a guère d'effet sur la réputation posthume de l'autocrate. Pour la postérité admirative, elle demeure la « Sémiramis du Nord ».

LE CHOC DE LA RÉVOLUTION FRANÇAISE

Dès le début de 1789, Catherine II s'insurge contre « l'esprit de vertige et de folie qui s'est emparé de toute l'Europe depuis deux ans ». « Je vous garantis, écrit-elle à Grimm, qu'il se pourra très bien que dans un quart d'heure de temps tous ces beaux projets de faiseurs de systèmes s'en iront en belle et bonne fumée. » La transformation des

États généraux en Assemblée nationale l'indigne: «Je ne saurais croire non plus aux grands talents de savetiers et cordonniers pour le gouvernement et la législation.» Elle s'avoue «royaliste par métier et par devoir», «impératrice aristocratissime», et plaint le sort de Louis XVI et de Marie-Antoinette. Pour elle, les députés français sont des «chicaneurs», des «roquets», des «gredins», de la «canaille».

Après la fuite à Varennes, Catherine ordonne aux Russes vivant en France de rentrer en Russie pour qu'ils ne soient pas contaminés par l'esprit révolutionnaire. Elle reçoit à Saint-Pétersbourg les émigrés français et donne aux officiers de l'emploi dans l'armée russe. Elle prêche la croisade contre-révolutionnaire. À l'annonce de l'exécution de Louis XVI, elle doit garder le lit. Le pessimisme l'envahit. Elle se prend à douter de ces Lumières qu'elle a favorisées et qui ont engendré la Révolution. «La fin de ce siècle a démontré que ce dix-huitième siècle tant vanté ne vaut pas un liard plus que ceux qui l'ont précédé», écrit-elle à Grimm en mai 1791.

Catherine se fait réactionnaire, voire paranoïaque. Elle donne l'ordre de chasser de Russie les Français qui n'ont pas publiquement manifesté leur aversion pour les horreurs de la Révolution. En 1790, le roman d'Alexandre Radichtchev, *Voyage de Pétersbourg à Moscou*, imprimé à 650 exemplaires à compte d'auteur, est jeté au feu car il décrit sans complaisance les réalités de la société russe et le scandale du servage. Radichtchtev, que Catherine avait qualifié d'homme plus dangereux que Pougatchev, est arrêté, jugé et condamné à mort, peine communée en dix ans d'exil en Sibérie. En 1792, la souveraine dirige elle-même les investigations contre un prétendu jacobin, l'éditeur Novikov, et le fait enfermer à Schlisselbourg pour quinze ans.

Pour aristocrate passionnée qu'elle soit, Catherine se garde bien d'intervenir militairement contre la France révolutionnaire. Ses réactions restent presque uniquement littéraires. Cette grande réaliste préfère profiter de la situation pour continuer à s'agrandir du côté de la Pologne tandis qu'Autriche et Prusse sont mobilisées sur le front occidental. Toujours le double langage !

DEUX MORTS ET TROIS ENTERREMENTS

Arrivée à la soixantaine, Catherine II a l'apparence d'une vieille dame assez épaissie. « J'étais d'abord extrêmement étonnée de la trouver très petite, rapporte Mme Vigée Le Brun, la célèbre portraitiste, qui arrive en Russie en 1795 ; je me l'étais figurée d'une grandeur prodigieuse, aussi haute que sa renommée. Elle était fort grasse, mais elle avait encore un beau visage, que ses cheveux blancs et relevés encadraient à merveille. Le génie paraissait siéger sur son front large et très élevé. Ses yeux étaient doux et fins, son nez tout à fait grec, son teint fort animé, et sa physionomie très mobile.»

Les portraits renvoient l'image d'une aimable grand-mère qui semble sortie d'un roman anglais, tricote, joue avec ses chiens, s'occupe de ses petits-enfants.

La vie de famille n'est pas exempte de tensions. Catherine tient à l'écart des affaires le grand-duc Paul, «fils soumis et respectueux, d'autant plus à admirer qu'il pratique les vertus filiales sans jouir du bonheur d'aucun retour de sa mère» (Gœrtz); elle n'a avec lui que des rapports de bienséance. Les deux fils aînés du grand-duc, Alexandre, né en 1777, et Constantin, né en 1779, lui sont enlevés et leur éducation est dirigée par l'impératrice. Le bruit court qu'elle se prépare à déshériter Paul et à désigner Alexandre comme son successeur.

Au milieu des années 1790, la santé de la souveraine se dégrade. Malaises, toux, colites se succèdent. Certains symptômes font penser à des accidents vasculaires. Le matin du 5 novembre 1796, alors qu'elle réside au Palais d'Hiver, Catherine est foudroyée par une attaque cérébrale et s'écroule au pied de la chaise percée de sa garde-robe. Transportée dans sa chambre, étendue par ses domestiques sur un matelas déposé à même le sol, elle agonise pendant près de deux jours et s'éteint, sans avoir repris conscience, à dix heures moins le quart, le soir du 6 novembre, à l'âge de 67 ans.

Faute de testament désignant Alexandre, le grand-duc Paul, désormais âgé de 42 ans, succéda à Catherine sous le nom de Paul Ier. Les premières mesures du nouveau règne sonnèrent comme un désaveu de l'impératrice défunte; le 2 décembre, l'empereur fit exhumer Pierre III du monastère Saint-Alexandre-Nevski. Le 5, un convoi solennel conduisit la dépouille au Palais d'Hiver. Macabre mise en scène: Alexis Orlov, acteur du coup d'État de 1762 et assassin présumé de Pierre, portait sur un coussin la couronne de l'empereur défunt. Au Palais d'Hiver, le cercueil de Pierre III fut exposé aux côtés de celui de Catherine. Le 18, les deux cercueils furent transportés à la cathédrale de la forteresse Pierre-et-Paul où ils furent inhumés côte à côte.

Admirateur de la Prusse, comme Pierre III, Paul Ier imposa à l'armée l'uniforme prussien et la discipline prussienne. Il rappela à la cour les anciens fidèles de son père et promulgua un oukaze réglant la succession au trône qui excluait les femmes, sauf disparition des héritiers mâles directs.

Quatre ans plus tard, une ultime conjuration de hauts dignitaires, d'officiers de la Garde et d'anciens favoris de Catherine mit fin au règne de son fils. Paul, assassiné dans la nuit du 11 au 12 mars 1801, fut déclaré « mort subitement d'un coup d'apoplexie ». Alexandre, complice passif de la conspiration, monta sur le trône. Dans le manifeste du nouveau règne, il affirmait : « Nous dirigerons selon les lois et les intentions de notre grand-mère, l'impératrice Catherine, qui repose en Dieu et dont la mémoire nous restera à jamais chère, ainsi qu'à toute la nation. »

Sophie d'Anhalt-Zerbst venait de remporter sa dernière victoire – victoire posthume, car, comme le dira Staline, « à la fin il n'y a que la mort qui gagne ».

HISTORIOGRAPHIE ET STATUOMANIE

On comprend que pour l'historiographie russe officielle du XIXe siècle, la personnalité de Catherine II soit une source possible d'embarras. Étrangère par la naissance et par la culture, elle ne peut passer pour une incarnation du tempérament national. Les conditions de son accession au trône rendent difficile un récit classique d'inscription dans une continuité dynastique. Enfin, les accidents de sa vie privée lui interdisent de passer pour un modèle de vertu traditionnelle. Simultanément, Catherine revêt tous les attributs d'un grand monarque dans l'acception ordinaire de l'expression : elle fut conquérante, bâtisseuse et législatrice, à l'instar d'un Louis XIV en France, d'un Pierre le Grand en Russie ou d'un Frédéric II en Prusse. Dès lors, tout l'art consistera à évoquer les succès, à minimiser les échecs et à passer sous silence ou à repeindre de couleurs plus riantes les détails gênants.

La «statuomanie» du régime tsariste fait écho à cette canonisation historique. Une statue commandée à Berlin par Potemkine mais jamais mise en place est inaugurée à Ékatérinoskav en 1846. Suivent les monuments de Saint-Pétersbourg (Mikéchine et Tchijov, 1873), Morchansk (1879), Irbit (Mikéchine, 1883), Simféropol (Lavéretski, 1890), Nakhitchévan-sur-le-Don (Tchijov père et fils, 1894), Odessa (Popov, 1900), Vilna (Antokolski, 1903), Ékatérinodar (Mikéchine et Edwards, 1907), etc.

Comme de juste, le monument le plus imposant est celui de Saint-Pétersbourg, installé devant le théâtre Alexandra. La colossale statue de bronze de l'impératrice, couronnée de laurier, est juchée sur un non moins colossal piédestal également en bronze, lui-même soutenu par un piétement de granit. Tout autour du piédestal prennent place les statues des favoris et hommes d'État de l'époque de Catherine : Roumiantsev, Potemkine, Souvorov, Derjavine, la princesse Dachkov, Bezborodko, Betski, Tchitchagov, Orlov. Le voisinage de la souveraine avec certains de ses amants a rendu le monument célèbre dans la culture pétersbourgeoise, à la fois populaire et victime récurrente d'allusions grivoises ou d'actes de vandalisme : on y jette des bouteilles, on dérobe les attributs de bronze de certains personnages.

Comme celle de Pierre le Grand, la gloire de Catherine n'a connu qu'une brève éclipse, au début de l'époque soviétique. Par la suite, elle redevient une figure associée à la grandeur intemporelle de l'Empire. À partir des années 2000, elle bénéficie en outre de la politique du régime poutinien en faveur des gloires traditionnelles de la Russie. Son effigie réapparaît sur les timbres et les billets de banque. En 2007, on inaugure sa statue, assise sur un trône, au centre de Vychni Volotchek, localité à qui elle avait conféré le statut de ville ; en 2008, autres statues à Sébastopol et à Podolsk, en 2017 à Louga. On rétablit les statues renversées pendant la Révolution de 1917 : à Krasnodar, à Tiraspol, à Odessa (2007), à Irbit (2012), à Simféropol (2016), à Morchansk (2018). Une statue de la jeune impératrice est placée à côté du château de Zerbst (2010).

Globalement, l'historiographie occidentale est tout aussi favorable à Catherine que celle de la Russie impériale ou post-soviétique. Comment se montrer sévère envers un personnage qui parle la langue de l'Europe, qui semble écrire et même penser en français ? En 1897, le Français Anatole

Leroy-Beaulieu prête à Catherine une influence « adoucissante » sur les réformes de Pierre le Grand. À la fin du XXe siècle, l'Américain Marc Raeff et la Britannique Isabel de Madariaga saluent en l'autocrate l'introductrice en Russie de l'esprit des Lumières et de « l'État de police » imaginé par les caméralistes allemands.

L'IMPÉRATRICE ROUGE

En dépit des célébrations officielles, l'opinion des contemporains et de la postérité immédiate fut loin d'être aussi unanime. L'usurpation initiale, le défilé des favoris, la distorsion entre déclarations philosophiques et pratiques autoritaires, tout cela alimente une légende noire, sous-jacente derrière la légende dorée. Dès les années 1760, une partie de l'opinion européenne trouve Voltaire et les encyclopédistes bien complaisants à l'égard de l'autocrate usurpatrice.

Ce courant critique ressurgit périodiquement. Pouchkine traite l'impératrice de « Tartuffe en jupons ». En 1886, Léon Tolstoï résume ainsi le règne de Catherine II : « Monte sur le trône une femme homicide, une putain effrayante de débauche, qui ouvre une carrière de férocité à ses amants successifs. Et toutes ses atrocités – les exécutions, l'assassinat de son mari, le martyre et le meurtre de l'héritier légitime, l'asservissement de la moitié de la Russie, les guerres, la corruption et la ruine du peuple –, tout cela est oublié et jusqu'à aujourd'hui on célèbre la grandeur, la sagesse, sinon l'élévation morale de cette infâme putain. »

La vie privée de Catherine ne cesse d'être un objet de fantasmes. On allonge démesurément la liste de ses amants ; on prétend que son décès est survenu après qu'elle a voulu être saillie par un étalon ; on lui prête la commande d'un « cabinet érotique » secret, pièce du palais de Gatchina dont les meubles auraient été ornés de représentations des organes génitaux masculins et féminins.

Au cinéma et à la télévision, Catherine II est moins célébrée comme souveraine que comme figure romanesque, tantôt amante passionnée, tantôt féministe avant l'heure. Dirigée par Joseph von Sternberg, Marlène Dietrich campe en 1934 une inoubliable et fantaisiste *Impératrice rouge*. En 1995, Catherina Zeta-Jones reprend le rôle dans un téléfilm intitulé *Catherine la Grande*, et la Russie et les États-Unis des années 2000 multiplient les reconstitutions de ce type, comme si le règne de l'impératrice pouvait se résumer à ses amours.

Il est à remarquer que ces médiocres évocations doivent encore beaucoup aux *Mémoires* de Catherine II et à ses autres écrits. Car la souveraine a su jouer sur deux tableaux : tantôt, elle se peint en femme ordinaire, victime de ses sentiments et de la destinée ; tantôt, au contraire, elle endosse les habits imposants de l'impératrice autocrate, incarnation de la Russie triomphante. Double jeu payant, qui lui a fait gagner la bataille de la postérité.

CONCLUSION

Despotisme et Lumières, sexe, pouvoir et liberté

Pour les tenants d'une politique réaliste, la première qualité attendue d'un homme ou d'une femme de pouvoir est sa capacité à l'acquérir, à le conserver et, si possible, à l'accroître. Sous ce rapport, la vie de Catherine est une parfaite réussite. Mais est-ce suffisant ? Les historiens, qui sont gens naïfs, espèrent souvent quelque chose de plus. Un projet, un programme, des réalisations, une ambition qui dépasse l'individu et le transcende. De ce point de vue, on peut convenir que, chez Catherine, les réalisations n'ont pas été à la hauteur du projet ou du programme. Bien que disposant d'un pouvoir en principe illimité, l'autocrate n'a eu sur les événements qu'une influence limitée.

Le bilan du règne est incontestablement positif si l'on s'en tient aux critères traditionnels de la grandeur. Catherine II utilise une mécanique expansionniste « tous azimuts » mise au point par Pierre Ier. De 19 millions de sujets au début du règne, la population de l'Empire russe a presque doublé en 1796, pour arriver à 36 millions d'habitants. Le littoral de la mer Noire, la Crimée, le Kouban et les deux tiers de la République polono-lituanienne sont annexés à l'Empire. Dans le bilan, il y a donc les conquêtes. Mais des conquêtes, aujourd'hui, il ne reste quasi rien, sinon cette Crimée que la Russie vient d'arracher à l'Ukraine, transformant en ennemie héréditaire ce qui devrait être une nation-sœur.

Le bilan intérieur est plus incertain encore. La gestion administrative de l'Empire s'est améliorée. Initialement autocratique, la Russie est devenue autocratico-nobiliaire. Les nobles sont devenus des partenaires du pouvoir. Les libertés qui leur ont été octroyées ont été accompagnées de l'asservissement croissant des paysans. Par crainte du chaos, Catherine n'a pas voulu s'attaquer à la question du servage, qui pourtant était déjà ressenti comme un anachronisme et comme un frein pour le développement économique et moral de la Russie. La prudence de la souveraine, payante sur le moment, a préparé, à moyen terme, la divergence irrémédiable entre un régime figé dans l'autocratie et une société de moins en moins passive, le passage de la stagnation à la crise, et de la crise à la révolution.

Bref, dans le « despotisme éclairé » de Catherine II, il y eut beaucoup plus de despotisme que de Lumières. L'essayiste Boris Akounine écrit avec cruauté qu'à la fin de sa vie la grande émancipatrice était devenue un grand khan – épousant ainsi cette « tradition de la Horde » que Moscou aurait hérité de ses suzerains mongols du Moyen Âge.

Ce qui reste, ce qui fait Catherine grande malgré tout, ce sont les édifices néo-classiques, le mécénat artistique et littéraire, les institutions d'éducation, tout ce qui, après les réformes de Pierre le Grand, a marqué l'entrée de la Russie dans la civilisation européenne. Sous Catherine, les architectes, les peintres, les écrivains et les musiciens russes sont encore des élèves appliqués de l'Occident. Quand vous lisez dans le texte un prosateur russe de ce temps, vous croyez lire du français traduit presque mot à mot. Une ou deux générations plus tard, il n'en sera plus ainsi, et la Russie donnera au monde quelques chefs-d'œuvre à valeur universelle tout en étant intrinsèquement russes, poèmes de Pouchkine, romans de Tolstoï, de Tourguéniev et de Dostoïevski, théâtre de Tchékhov, tableaux de Répine et de Sérov, musique de Tchaïkovski. L'impératrice-philosophe, qui a étudié l'histoire de la Russie, adopté sa culture et exalté les beautés propres de la langue russe, a préparé cette floraison.

L'identité féminine de Catherine a-t-elle influé sur sa politique intérieure ou extérieure ? L'examen de sa carrière de souveraine incline à une réponse négative. Elle donne à penser que, à l'inverse de ce qu'ont cru tous les siècles passés, le pouvoir n'a pas de sexe. Une femme de pouvoir n'est ni meilleure ni pire qu'un homme de pouvoir. « L'un est l'autre », pour reprendre la célèbre formule d'Élisabeth Badinter. Détenu par un homme, le pouvoir trouve sa justification dans la figure du monarque ou dictateur père de ses sujets, maître de leur destin comme le patriarche l'est de sa nombreuse famille. Détenu par une femme, il se coule tout aussi naturellement dans l'image convenue de la maternité bienveillante, qui fait des sujets les enfants bien-aimés de la souveraine. Mère aimante, épouse féconde, veuve éplorée ou vierge consacrée, la femme de pouvoir trouve toujours quelque idole tutélaire pour se légitimer.

Mais, au vrai, figures, images et idoles ne sont que des habillages de propagande – qu'il s'agisse d'une impératrice russe ou d'une chancelière allemande. Catherine II n'a été ni chaste épouse, ni mère attentionnée, ni même amante fidèle. Ses sentiments à l'égard de ses sujets n'ont été que fort peu maternels – ils alliaient le mépris, la crainte et peut-être un grain de fascination pour un peuple qui lui paraissait neuf et énergique. Le pouvoir est un fluide assez puissant pour transcender le genre.

Sources et bibliographie

SOURCES IMPRIMÉES

CATHERINE II, *Instruction donnée par Catherine II impératrice et législatrice de toutes les Russies à la commission établie par cette souveraine pour travailler à la rédaction d'un nouveau code de lois*, Lausanne, François Grasset, 1769.

CATHERINE II, [*Lettres de Catherine II à Grimm*], Saint-Pétersbourg, imprimerie de l'Académie impériale des sciences, 1878 [*Recueil de la Société impériale d'histoire russe*, t. XXIII].

CATHERINE II, *Mémoires*, Londres, Trübner and Co, 1859.

DACHKOFF Catherine, princesse, *Mémoires*, Paris, Franck, 1859.

FAVIER Jean-Louis, *Une leçon de géostratégie: les Observations sur la Russie en 1761*, Paris, SPM, 2016.

Recueil général des lois de l'Empire russe, t. XVI-XXIII, 1762-1796, Saint-Pétersbourg, imprimerie de la deuxième section de la chancellerie particulière de Sa Majesté impériale, 1830 [en russe].

BIBLIOGRAPHIE

AKOUNINE Boris, *Histoire de l'État russe*, t. VI, *L'époque des tsarines*, Moscou, ACT, 2018 [en russe].

CARRÈRE D'ENCAUSSE Hélène, *Catherine II : Un âge d'or pour la Russie*, Paris, Fayard, 2002.

DIXON Simon, *Catherine the Great*, Harlow, Longman, 2001.

HELLER Michel, *Histoire de la Russie et de son Empire*, Paris, Flammarion, 1997.

KAMENSKI Alexandre, *De Pierre Ier à Paul Ier. Les réformes dans la Russie du XVIIIe siècle. Essai d'analyse globale*, Moscou, université d'Etat des sciences humaines de Russie, 1999 [en russe].

LEDONNE John P., *Ruling Russia : Politics and Administration in the Age of Absolutism, 1762-1796*, Princeton, Princeton University Press, 1984.

LIECHTENHAN Francine-Dominique, *Catherine II, le courage triomphant*, Paris, Perrin, 2021.

LIECHTENHAN Francine-Dominique, *Élisabeth Ire de Russie, l'autre impératrice*, Paris, Fayard, 2007.

MADARIAGA Isabel de, *Russia in the Age of Catherine the Great*, New Haven-Londres, Yale University Press, 1981.

RAEFF Marc, *Comprendre l'Ancien Régime russe : État et société en Russie impériale*, Paris, Seuil, 1982.

TROYAT Henri, *Catherine la Grande*, Paris, Flammarion, 1977.

WALISZESWKI Kazimierz, *Le roman d'une impératrice, Catherine II de Russie*, Paris, Plon, 1894.

REMERCIEMENTS

L'auteur remercie pour leur aide et leurs conseils
Philippe de Carbonnières, Alexandre Dupilet,
Emmanuel Pénicaut, Amable Sablon du Corail
et Mathieu Stoll.

À propos de l'image de couverture

Portraitiste officiel de Catherine, le Danois Vigilius Eriksen la représente ici dans le costume revêtu à Moscou pour son couronnement le 28 juin 1762 : robe et manteau semés d'aigles à deux têtes en broderie d'or, cordon bleu et grand collier de l'ordre de Saint-André, couronne, globe et sceptre confectionnés pour l'occasion - et qui servirent à tous les couronnements impériaux jusqu'à celui de Nicolas II. L'usurpatrice revêt ainsi tous les attributs extérieurs de la légitimité. Plusieurs répliques de cette effigie triomphante furent expédiées à l'étranger comme cadeaux diplomatiques : conçu sur le modèle des portraits en costume de sacre des rois de France ou d'Angleterre, le tableau d'Eriksen affirme à la fois le statut de Catherine comme monarque de plein exercice et celui de la Russie comme grande puissance européenne.

Vigilius Eriksen (1722-1782), *Catherine II impératrice de Russie*,
1766-1767, huile sur toile, 284 × 173,5 cm,
Copenhague, Statens Museum for Kunst.

Table des matières

Achevé d'imprimer sur les presses
de Sepec Numérique à Péronnas
Dépôt légal : septembre 2022
N° d'impression : N29751220801
Imprimé en France

PEFC 10-31-3532